ENCUENTROS
CON JESÚS
HISTORIAS DE FE
PARA CUARESMA

Matt
TE OBSEQUIO ESTE
LIBRO QUE ES UNA GUIA
PARA QUE PUEDAS trabajar
ESTE TIEMPO DE CUARESMA
Y REFUERCES TU FE.
RECUERDA QUE SOMOS UNO
CON CRISTO.
Livant
2023.

ENCOUNTERS
WITH JESUS
STORIES OF FAITH
FOR LENT

EDITORAS/EDITORS
Hugo Olaiz
Ema Rosero Nordalm
Loida Sardiñas Iglesias

#2654

ISBN: 978-0-88028-515-5

© 2022 Forward Movement

Forward Movement

inspire disciples. empower evangelists.

ENCUENTROS CON JESÚS
HISTORIAS DE FE PARA CUARESMA

ENCOUNTERS WITH JESUS
STORIES OF FAITH FOR LENT

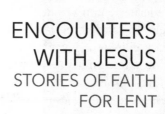

FORWARD MOVEMENT
CINCINNATI, OHIO

PRÓLOGO

La Cuaresma en un recorrido compartido. Es un tiempo en que personas de diversas religiones cristianas contemplan el sacrificio y sufrimiento de la Pasión y se embarcan en disciplinas espirituales para acercarse a Dios. Este camino puede ir en muchas direcciones diferentes, con diversas prácticas, experiencias y destinos. Puede que elijamos alejarnos del ajetreo del mundo, dedicarnos a la introspección y la oración, o abstenernos de algo como forma de sacrificio. Aunque el recorrido es individual, no estamos solos, porque vamos todos por la misma senda: la senda que nos acerca a Jesús y a su sufrimiento.

Para el pueblo cristiano, el vía crucis es una devoción cuaresmal en la que "caminamos" con Jesús durante su trayecto a la cruz. Es una manera de transportarnos a ese recorrido para contemplar la pasión y muerte de nuestro Señor.

En Viernes Santo el pueblo cristiano suele representar el vía crucis en vivo, especialmente en América Latina, España, Italia y Filipinas. El vía crucis en vivo es una experiencia muy conmovedora en la que los participantes contemplan la agonía de Jesús. Es una experiencia tanto física como espiritual: se camina siguiendo a Jesús, que lleva la cruz; se consuela el llanto de su madre; se acompaña a otras mujeres que siguen a Jesús y lloran cuando declara sus últimas palabras. Estas escenas son parte de una tradición que mucha gente latina vive durante Semana Santa y que se está volviendo cada vez más común en congregaciones episcopales latinas de los EE.UU.

Lent is a communal journey. It is a time when Christians of different faiths embark on a spiritual discipline to draw nearer to Jesus as we contemplate his sacrifice and suffering. This journey takes us in many different directions, with various practices, experiences, and destinations. We may mark this season of Lent with a time of withdrawal from the busyness of the world, a time of introspection and prayer, or a time for us to give up something as a sacrifice. Even though we are on our own journey, we are not alone; we are all on the same path: the path to draw closer to Jesus and his suffering.

For Christians, the Way of the Cross or *Via Crucis* is a Lenten devotion in which we can "walk" with Jesus during his journey to the cross. It is one way in which we are transported to that *via dolorosa* to contemplate the passion and death of our Lord.

On Good Friday, many Christians reenact the living Stations of the Cross, especially in Latin America, Spain, Italy, and the Philippines. The living stations are a profoundly moving experience in which the participants view the suffering and pain of Jesus's last moments. It is as much a physical experience as a spiritual one. Walking beside Jesus carrying his cross, comforting his crying mother, and accompanying the other women who walk and cry as he says his final words—these scenes are a part of the traditions that many Latino people experience during Holy Week. Today, this reenactment is becoming more and more common in many Latino Episcopal congregations in the U.S.

FOREWORD

Todos los años Forward Movement publica un libro de Cuaresma, pero esta es la primera vez que lo publica de forma bilingüe, con meditaciones escritas por gente latina. Es nuestro deseo que todo el pueblo de la iglesia se vea reflejado en estas historias y meditaciones a medida que lean el libro día a día, desde el Miércoles de Ceniza hasta el Domingo de Pascua. Las preguntas que aparecen los sábados estimulan el estudio individual o grupal.

Cada día de la semana se centra en un aspecto devocional diferente. Los domingos te invitarán a orar usando la colecta que corresponde a esa semana. Los lunes verás un relato personal más largo titulado "Encuentro con Dios" y los martes, breves reflexiones bíblicas. Los miércoles describen prácticas cuaresmales específicas. Los jueves incluyen historias de servicio tituladas "Ayudándonos con nuestras cargas" (Gálatas 6:2). Los viernes se titulan "Mi esperanza en Dios" e incluyen voces jóvenes. Los sábados incluyen preguntas que te alentarán a encontrar relaciones entre los diversos relatos y meditaciones, y te llamarán a la acción.

Encuentros con Jesús nos invita a participar de este camino cuaresmal leyendo estas historias y meditaciones escritas por hermanas y hermanos en la fe. Este es un recorrido que hacemos juntos, aprendiendo el uno del otro, encontrando aliento e inspiración a cada paso. Este libro es tan poderoso y real como el vía crucis en vivo. Te invito a que lo leamos juntos mientras seguimos a Jesús.

Anthony Guillén es el misionero latino/hispano y el director de ministerios étnicos de la Iglesia Episcopal.

This year, Forward Movement is offering their annual Lent book bilingually for the first time, featuring Latino voices. The hope is for all people in the church to see themselves in these stories and meditations as they read the book day by day, from Ash Wednesday to Easter. The questions that appear on Saturdays encourage personal and/or group study.

Each day of the week focuses on a different aspect of devotion. Every Sunday, people are invited to pray using the collect that corresponds to that week of Lent. Mondays feature a longer personal story called "Encounter with God," and Tuesdays, a short Bible reflection. Wednesdays describe specific Lent practices. Thursdays focus on stories of service, outreach, or "bearing each other's burdens" (Galatians 6:2). Fridays are "My Hope in God" day, written by young people. Saturdays include questions that encourage the reader to find connections between the meditations and stories and encourage the reader to act.

Encounters with Jesus invites us to join in this Lenten journey as we read these stories and meditations from other Episcopalians. All of us are on this journey together—learning from one another and being encouraged and inspired along the way. I believe this Lenten book will be just as powerful and real as the living Stations of the Cross. Let us read it together as followers of Jesus.

Anthony Guillén is the Latino/Hispanic missioner and the director of ethnic ministries in the Episcopal Church.

SEMANA DE MIÉRCOLES DE CENIZA

THE WEEK OF
ASH WEDNESDAY

SEMANA DE
MIÉRCOLES DE CENIZA

Esta semana, comienza cada día diciendo esta oración:

Dios todopoderoso y eterno, tú no aborreces nada de lo que has creado, y perdonas los pecados de todos los penitentes: Crea y forma en nosotros, corazones nuevos y contritos, para que, lamentando debidamente nuestros pecados y reconociendo nuestra miseria, obtengamos de ti, Dios de toda misericordia, perfecta remisión y perdón; mediante Jesucristo nuestro Señor, que vive y reina contigo y el Espíritu Santo, un solo Dios, por los siglos de los siglos. Amén.

—Libro de Oración Común, p. 132

THE WEEK OF
ASH WEDNESDAY

This week, start each day with the following prayer:

Almighty and everlasting God, you hate nothing you have made and forgive the sins of all who are penitent: Create and make in us new and contrite hearts, that we, worthily lamenting our sins and acknowledging our wretchedness, may obtain of you, the God of all mercy, perfect remission and forgiveness; through Jesus Christ our Lord, who lives and reigns with you and the Holy Spirit, one God, for ever and ever. Amen.

—The Book of Common Prayer, p. 217

MIÉRCOLES DE CENIZA

DEVOCIÓN CUARESMAL

San Gabriel es una congregación en Leesburg, Virginia, que no tiene edificio propio. Nuestra congregación fue fundada hace veinte años, y en los últimos siete años comenzamos a adorar a Dios tanto en inglés como en español en cuatro lugares diferentes: una escuela, una Iglesia Episcopal prestada, una capilla al aire libre (durante los meses de calor), y una comunidad residencial para personas de la tercera edad.

Además de alabar a Dios, la congregación se dedica a hacer servicio comunitario y provee ministerios de justicia en la comunidad que nos rodea. El lugar no es lo más importante para San Gabriel; la misión de Jesús la hacemos en cualquier lugar y en colaboración con una variedad de personas, agencias y comunidades de fe.

El Miércoles de Ceniza realizamos un evento llamado "Cenizas para el Camino", llevando las cenizas a sitios por donde pasa la gente. Es una de esas oportunidades en las que los feligreses de San Gabriel sirven como embajadoras y embajadores, representantes de Jesús en la comunidad, encuéntrese donde

LENTEN DEVOTION

I am the vicar of a congregation that doesn't own a building. St. Gabriel's is a twenty-year-old congregation located in Leesburg, Virginia, and for the last seven years we have been worshiping in English and in Spanish in four different locations: a school, an Episcopal church that hosts us, an outdoor chapel (during the summer), and a community for retired people.

Besides worshiping God, the congregation is engaged in outreach and ministries for justice in our local community. For us, the place where we gather is not all that important; we can carry out Jesus's mission anywhere, in cooperation with several persons, agencies, and faith communities.

On Ash Wednesday, we participate in an event called "Ashes to Go," taking ashes to the streets. This provides an opportunity for the members of St. Gabriel's to serve as ambassadors, as representatives of Jesus in the community, no matter where God's people may be. In addition to imposing ashes and acknowledging the dignity of our sisters and brothers in the streets, we use the opportunity to engage and pray with them. Ash Wednesday is the right time to show physically who we are

ASH WEDNESDAY

se encuentre el pueblo de Dios. No solo imponemos cenizas y reconocemos la dignidad de nuestros hermanos y hermanas en la calle, sino que aprovechamos esos encuentros para dialogar y orar. El Miércoles de Ceniza es momento oportuno para manifestar físicamente quiénes somos como personas cristianas, puesto que llevamos en nuestras frentes la imagen de la cruz de Jesús en forma de cenizas. Esa cruz en la frente representa tanto nuestra humanidad como nuestra divinidad: "Polvo eres y al polvo volverás".

Uno de los lugares donde San Gabriel ofrece "Cenizas para el Camino" es frente a un lugar comercial donde se congregan jornaleros buscando trabajo día a día. Llevarles las cenizas nos permite reconocer la dignidad de estos hijos de Dios. Ha habido ocasiones en las que algunos jornaleros han salido corriendo, huyendo—pensando, me imagino, que no son dignos de recibir la bendición de Dios. Por otra parte, ha habido ocasiones en las que personas detienen sus vehículos para recibir cenizas, y otras ocasiones en las que los jornaleros se arrodillan con lágrimas en los ojos buscando la unción de Dios y de la Virgen María. "Polvo eres, y al polvo volverás".

Daniel Vélez Rivera se crio en Bayamón, Puerto Rico. Es sacerdote vicario de la Iglesia Episcopal San Gabriel en Leesburg, Virginia. Su feligresía incluye personas de once países latinoamericanos.

as Christians, since we carry on our foreheads ashes in the shape of Jesus's cross. That cross on our foreheads represents both our humanity and our divine affiliation: "You are dust, and to dust you shall return."

One of the venues where we offer "Ashes to Go" is across from a strip mall where day laborers gather looking for work. Bringing ashes to them is an opportunity to acknowledge their dignity as children of God. There have been occasions when some of the laborers ran away when they saw us—thinking, perhaps, that they were not worthy to receive God's blessing. There have been times when passing drivers have stopped to receive the ashes and times when laborers knelt with tears in their eyes, asking God and the Virgin Mary for a blessing: "You are dust, and to dust you shall return."

Daniel Vélez Rivera grew up in Bayamón, Puerto Rico. He is the vicar of St. Gabriel's Episcopal Church in Leesburg, Virginia. His congregation includes people from 11 Latin American countries.

AYUDÁNDONOS CON NUESTRAS CARGAS

El libro de Isaías profetiza de una época en que los pueblos "convertirán sus espadas en arados y sus lanzas en hoces" (4:2). ¿Sería también posible convertir la chatarra de Bogotá en prótesis para niños?

Por años, en la Misión San Juan Evangelista hemos ofrecido un programa de apoyo comunitario. Los domingos, durante la misa, donamos papel para reciclar, ropa y víveres. Esos recursos los usamos para la tienda de segunda mano de la catedral y para apoyar dos programas sociales para las personas necesitadas: uno es un albergue para personas mayores sin hogar; el otro es para apoyar a niños huérfanos que viven con cáncer y otras enfermedades.

En una ocasión nos enteramos de una oportunidad para ayudar a niños que necesitaban prótesis. Había un niño en particular que tenía unos 9 años; provenía de una familia de bajos recursos y le faltaba una pierna. El niño caminaba una hora y media para llegar a la escuela. En San Juan Evangelista creamos un

BEARING ONE ANOTHER'S BURDENS

Isaiah foretells a time when the nations "shall beat their swords into plowshares, and their spears into pruning hooks" (2:4). Would it also be possible to turn metal scraps into prosthetics for children?

For years, at Mission St. John the Evangelist we have offered an outreach program. On Sunday, during the service, we collect donations of recyclable paper, clothes, and groceries. These resources are used for the cathedral's thrift store and for two programs in support of the needy: a home for homeless seniors and an institution that supports orphaned children with cancer and other serious illnesses.

Some time ago, we heard about an opportunity to support children who have lost limbs and need prosthetics. A nine-year-old boy, in particular, had lost a leg and came from an underprivileged family. This boy had to walk an hour and a half to go to school. At St. John the Evangelist, we created a program called "Walking for a Dream." Besides collecting paper, we began to collect metal scraps that we sold at a recycling center.

THURSDAY
AFTER ASH WEDNESDAY

programa que llamamos "Caminando por un sueño". Además de papel, empezamos a reunir chatarra que vendíamos en un centro de reciclaje. Con esos fondos, logramos comprar la prótesis que el niño necesitaba. ¡Fue muy hermoso, un domingo, cuando el niño vino a visitarnos a la iglesia! El niño nos contó que unos de sus sueños era tener una bicicleta. Un miembro de la congregación usó dinero de su propio bolsillo para comprarle una flamante bicicleta.

Estas experiencias me han acercado más a Dios y me han hecho crecer como persona. Pero además, le han dado a nuestra congregación la oportunidad de crecer como iglesia y tocar los corazones de muchas personas en nuestra comunidad.

❀❯❀↙

Elizabeth Camero Sanabria es miembro fundadora de la Misión San Juan Evangelista en Bogotá, Colombia. Es licenciada en educación preescolar y ha trabajado en programas de acción social con niños y familias de bajos recursos. Vive en Bogotá con su mamá, María Inés de Camero, y con un perrito llamado Blessing.

With these funds, we were able to purchase the prosthetic leg this child needed. On a particular Sunday, he visited our church. It was an unforgettable experience! The boy told us that one of his dreams was to own a bicycle. A member of our congregation contributed money from his own pocket to purchase a new bike for the boy.

These experiences have helped me draw closer to God and grow as a person. But they have also given our congregation an opportunity to grow as a church and touch many hearts in our community.

Elizabeth Camero Sanabria is a founding member of Mission St. John the Evangelist in Bogotá, Colombia. She has a degree in preschool education and has worked in social assistance in support of children and underprivileged families. She lives in Bogotá with her mom, María Inés de Camero, and her dog, Blessing.

VIERNES DESPUÉS DEL
MIÉRCOLES DE CENIZA

MI ESPERANZA EN DIOS

❀❀❀❀❀❀❀❀❀❀❀❀❀❀❀

Me viene a la mente la imagen de Jesús lavándole los pies a Pedro, o atendiendo a la mujer samaritana: Jesús como maestro, pero también como amigo. Es la imagen que se me presenta con los jóvenes del sistema penal de Colombia con los que trabajo. Sufren marginación y exclusión desde la niñez; viven aislados y condenados; el estado solo los ve como delincuentes. Mi compromiso cristiano ha sido entrar en ese mundo y seguir el camino de Jesús y del amor para fomentar la esperanza, velar por sus vidas y restablecer su dignidad.

En mi trabajo creamos espacios de reflexión para sanar las heridas del pasado y volver a soñar; trabajamos un enfoque restaurativo para asumir responsabilidad de lo sucedido y darle un significado; fomentamos el restablecimiento de derechos, ya que la sociedad y del estado no atienden sus pedidos; y apoyamos un plan de educación técnica y profesional que les permita cambiar su realidad.

Mi esperanza es que los jóvenes sean tratados como seres humanos y que, al sentirse amados, vean el rostro amoroso

MY HOPE IN GOD

I can envision Jesus washing Peter's feet and ministering to the woman at the well: Jesus the Teacher but also Jesus the Friend. This is the image that comes to mind as I work with youth in the Colombian correctional system. Since childhood, these young people have been marginalized and excluded. They live in isolation and under condemnation; the state sees them only as criminals. My Christian commitment has called me to enter into their world through Jesus's path of love to promote hope, watch over them, and help reestablish their dignity.

Through this ministry, we try to create spaces of reflection to help heal the wounds of the past and begin to dream. The work has a restorative dimension, which entails assuming responsibility for actions and assigning them meaning. Since society seems indifferent to these young people's appeals, we also promote their rights, and we support a program of technical and professional education that will enable them to change their situation.

My hope is that these young people will be treated humanely, and, as they feel loved, they may see God's loving countenance.

FRIDAY
AFTER ASH WEDNESDAY

de Dios. Me gustaría contar con una casa-refugio donde los jóvenes, al cumplir su pena o sanción, pudieran encontrar apoyo, alimento y un lugar donde pasar la noche y continuar con su proyecto de vida. ¡Cómo cambiarían sus vidas si, al ayudarlos, recordáramos con compasión el castigo y la humillación que sufrió Jesús en el camino de la cruz!

El Rev. Daniel Mafla, de Cali, Colombia, es licenciado en Filosofía y Ciencias Religiosas de la Universidad Católica Lumen Gentium con estudios en justicia juvenil restaurativa. Trabaja como capellán de los centros de atención para responsabilidad penal de adolescentes y jóvenes.

I would love to run a halfway house where youth, after serving their time, could find support, food, and a place to spend the night and plan their future. Can we remember with compassion Jesus's humiliation on the Way of the Cross? I believe that might be the key to help these youth change their lives.

 *Daniel Mafla, from Cali, Colombia, has a degree in philosophy and religion from Catholic University Lumen Gentium, with a focus on juvenile restorative justice. An Episcopal priest, he serves as a chaplain in correctional centers for teenagers and young adults.*

SÁBADO DESPUÉS DEL MIÉRCOLES DE CENIZA

HACIA ADELANTE

❁⟨❁⟩❁⟨❁⟩❁⟨❁⟩❁⟨❁⟩❁⟨❁⟩❁⟨❁⟩❁⟨

Los primeros dos relatos de esta semana muestran cómo podemos ser agentes de sanación y restauración cuando salimos al mundo; el tercero destaca el valor de alejarse del mundo y buscar un refugio espiritual. ¿Puedes pensar en relatos de la vida de Jesús que ilustran estos dos movimientos, uno a hacia adentro y otro hacia afuera? ¿Cómo te mueves hacia a fuera y hacia adentro en tu propia vida espiritual?

¿Cómo interactúas con tus vecinos u otras personas en tu comunidad? ¿Han participado juntos en algún proyecto urbano de reciclaje, limpieza, agricultura o jardinería? ¿Has "convertido espadas en arados"? Describe esa experiencia.

Ora y medita sobre las seis semanas de Cuaresma que acaban de empezar. Enumera por escrito tres cosas que puedes hacer para salir al mundo y ser un agente de sanación. Luego enumera tres cosas que puedes hacer para alejarte del mundo, y así sanar o rejuvenecer. Pon la lista en un lugar que verás con frecuencia.

MOVING FORWARD

The first two stories of this week are about going out into the world to be agents of healing and restoration; the third story emphasizes the value of retreating from the world to find spiritual shelter. Can you think of stories in the life of Jesus that illustrate these movements outward and inward? How do you move outward and inward in your own spiritual life?

What kinds of interactions do you have with your next-door neighbors or others in your community? Have you ever worked with others outdoors in a recycling, cleaning, or gardening project? Have you ever "beaten swords into plowshares"? Describe the experience.

Think prayerfully about the six weeks of Lent ahead. Write down three things you can do to go out into the world and be an agent of healing. Then list three things you can do retreat from the world to heal or rejuvenate. Keep the list in a place where you can see it often.

SATURDAY
AFTER ASH WEDNESDAY

PRIMERA SEMANA
DE CUARESMA

FIRST WEEK
OF LENT

DOMINGO
DE CUARESMA I

Esta semana, comienza cada día diciendo esta oración:

Omnipotente Dios, cuyo bendito Hijo fue llevado por el Espíritu para ser tentado por Satanás: Apresúrate a socorrer a los que somos atacados por múltiples tentaciones; y así como tú conoces las flaquezas de cada uno de nosotros, haz que cada uno te halle poderoso para salvar; por Jesucristo tu Hijo nuestro Señor, que vive y reina contigo y el Espíritu Santo, un solo Dios, ahora y por siempre. Amén.

—Libro de Oración Común, p. 132

SUNDAY
LENT I

This week, start each day with the following prayer:

Almighty God, whose blessed Son was led by the Spirit to be tempted by Satan: Come quickly to help us who are assaulted by many temptations; and, as you know the weaknesses of each of us, let each one find you mighty to save; through Jesus Christ your Son our Lord, who lives and reigns with you and the Holy Spirit, one God, now and for ever. Amen.

—The Book of Common Prayer, p. 218

LUNES
DE CUARESMA I

ENCUENTRO CON DIOS

Me crie en un hogar cristiano evangélico, donde siempre me enseñaron sobre las Sagradas Escrituras y el amor de Cristo. De adolescente, por elección propia, decidí conocer la Iglesia Católica Romana y fui educado por sacerdotes salesianos, quienes se esmeraron por enseñarme del amor de Cristo Jesús. Pero a pesar de haber tenido todas estas oportunidades de encontrar a Jesús, nunca fue ese encuentro tan real como en los días posteriores a una tragedia que me tocó vivir en 2001.

El 13 de enero de ese año, cuando el reloj marcaba un poco más de las once y media de la mañana, oí un ruido estrepitoso, como el de una locomotora a alta velocidad. La tierra se sacudió de forma tan violenta que me era imposible mantenerme de pie. Todo fue un susto enorme. Después del terremoto, la casa familiar estaba de pie, aunque varias fisuras en el suelo cruzaban ahora nuestra propiedad. La casa contigua, en la que teníamos una abarrotería, también había sobrevivido, pero toda la mercadería estaba desparramada por el piso, y nada se pudo salvar. Fue una pérdida económica de la cual nos tomaría mucho tiempo recuperarnos.

ENCOUNTER WITH GOD

I grew up in a Christian evangelical home, where I was taught about the holy scriptures and the love of Christ. As a teenager, I decided to learn about the Roman Catholic Church and attended a Salesian school where the priests instilled in me the love of Jesus Christ. But despite these opportunities to encounter Jesus, none of them was as impactful as the encounter I had with God in 2001.

On January 13 of that year, shortly after 11:30 a.m., I heard a blast as loud as a roaring train; the ground shook under my feet and knocked me to the floor. It was a frightening experience. After the earthquake, our home was still standing, though cracks could be seen on our land. The building next door, a grocery store we owned, was also standing, but all of our stock was destroyed. It took us years to recover from that financial loss.

In the midst of our pain and misery, I experienced Jesus through those who came with food and affection. I particularly remember an elderly neighbor, Juana. She barely had food for herself, yet every day, at 11:30 a.m., she made sure we had food on the table for lunch.

MONDAY
LENT I

En medio de ese dolor y miseria, tuve la oportunidad de conocer a Jesús a través de la gente que nos hacía llegar donaciones de comida, y mucho afecto. En medio de todas estas bellas acciones, siempre recordaré a una vecina anciana, la Sra. Juana, que apenas tenía comida para ella, pero cada día a las once y media de la mañana ponía un plato de comida en nuestra mesa.

Nunca olvidé la generosidad de Juana. Su ejemplo me ha ayudado a reconocer a Jesús en mis semejantes. Hoy intento cumplir el llamado de mostrar el amor de nuestro Señor a quien lo necesita, y me maravilla saber que Dios siempre cumple su palabra. Siento que el ser generoso no ha diezmado mis finanzas, porque Dios siempre me ha retribuido. Es como lo dice en Proverbios 19:17: "Un préstamo al pobre es un préstamo al Señor, y el Señor mismo pagará la deuda".

Esta anciana fue como la viuda mencionada en Marcos 12:41-44. Me impacta mucho cuando nuestro Señor nos explica en el versículo 44: "Todos dan de lo que les sobra, pero ella, en su pobreza, ha dado todo lo que tenía para vivir". Al reflexionar en este evento sucedido ya hace un poco más de dos décadas, puedo decir con toda firmeza que Dios es fiel a su palabra: no nos deja ni nos desampara.

❀✂❀⁘

Vidaí Genovez-Andrés nació en la ciudad de San Salvador, El Salvador, donde hizo estudios de Ingeniería Civil. Actualmente vive en Herndon, Virginia, y asiste a Saint Timothy's Episcopal Church en Herndon.

I shall never forget Juana's generosity. Her example has inspired me to see Jesus in the face of others. Today, I try to carry out the call to share God's love with those who need it, and I marvel to know that God always keeps his word. Being generous toward others has not drained my bank account because God has always rewarded me. I am reminded of Proverbs 19:17: "Whoever is kind to the poor lends to the Lord, and will be repaid in full."

This elderly woman acted like the widow whose story is told in Mark 12:41-44. I am struck by our Lord's explanation in verse 44: "For all of them have contributed out of their abundance; but she out of her poverty has put in everything she had, all she had to live on." As I reflect on these events that happened more than two decades ago, I can firmly say that God is true to his word. God doesn't forsake or abandon us.

❊❮❀↙

Vidaí Genovez-Andrés was born in San Salvador, El Salvador, where he studied civil engineering. He currently lives in Herndon, Virginia, where he attends St. Timothy's Episcopal Church.

MARTES
DE CUARESMA I

LA PALABRA DE DIOS

El ayuno que a mí me agrada consiste en esto: en que rompas las cadenas de la injusticia y desates los nudos que aprietan el yugo; en que dejes libres a los oprimidos y acabes, en fin, con toda tiranía. (…) Entonces brillará tu luz como el amanecer y tus heridas sanarán muy pronto. Tu rectitud irá delante de ti y mi gloria te seguirá.

—Isaías 58:6,8

El ayuno es una de las prácticas cuaresmales que más me han motivado desde pequeña, pues mi padre ayunaba una vez por semana y durante ese día estudiaba las Escrituras. En la Biblia encontramos diversos motivos para ayunar: como rito religioso (Jeremías 14), buscando el auxilio de Dios (Joel 2), o para hacer frente a la tentación (Mateo 4). Ayunamos, personalmente y como iglesia episcopal, como medio o recurso para enfrentar las situaciones difíciles, una mayor consagración o buscar la voluntad de Dios, pues no podemos depender de nosotros mismos.

THE WORD OF GOD

Is not this the fast that I choose: to loose the bonds of injustice, to undo the thongs of the yoke, to let the oppressed go free, and to break every yoke? Then your light shall break forth like the dawn, and your healing shall spring up quickly; your vindicator shall go before you, the glory of the LORD shall be your rearguard.

—Isaiah 58:6, 8

Fasting is one of the Lenten practices that has motivated me since a very young age: my father fasted once a week, on a day he dedicated to studying scripture. In the Bible, we find various reasons why people fast: as a religious ritual (Jeremiah 14), to seek God's help (Joel 2), or to find strength in the face of temptation (Matthew 4). We fast, both as individuals and as the Episcopal Church, so that we may face difficult situations, dedicate ourselves more completely to God, or seek God's will, as we know that we cannot depend on our own strength.

TUESDAY
LENT I

Pero podemos desfigurar esta práctica al hacerla de manera ritualista, sin la actitud y el sentido de justicia y cuidado del prójimo que han de acompañarla. El profeta Isaías nos señala que ayunamos como si hiciéramos el bien, aun cuando no lo practicamos (v. 2); no reconocemos a Dios (v. 3); excluimos y explotamos a los otros (v. 4); y asumimos solo "poses" piadosas (v. 5). Y nos invita a realizar un "ayuno verdadero" que agrade a Dios, haciendo justicia, compartiendo el pan, el techo y la ropa con el necesitado y socorriendo al débil. Tal es que ayuno que redundará en bendiciones y respuestas de fortaleza, pues solo así brillaremos, sanaremos, seremos escuchados en nuestro clamor y la gloria de Dios nos seguirá.

Loida Sardiñas Iglesias es presbítera de la Iglesia Episcopal Anglicana, Diócesis de Colombia, donde ejerce su ministerio en la Misión San Juan Evangelista. Es profesora de teología en la Pontificia Universidad Javeriana en Bogotá y sus áreas de interés son Teología Sistemática, el Ecumenismo y la Ética.

Yet we can distort this practice by turning it into mere ritual and by forgetting the sense of justice and care for our neighbor that should accompany our fasting. In this passage from chapter 58, the prophet Isaiah points out that we like to imagine we are doing good works by fasting, when we are not (v. 2); we fail to acknowledge God (v. 3); we exclude and exploit others (v. 4); our fasting is mere grandstanding (v. 5). The prophet invites us to practice a true form of fasting that is pleasing to God: by doing justice; sharing our food, our home, and our clothing with those in need; and assisting the helpless. This is the kind of fasting that will bring us blessings and strength. Only by so doing will our cries for help be answered and God's glory accompany us.

Loida Sardiñas Iglesias is a priest in the Episcopal Diocese of Colombia, working at Mission St. John the Evangelist. She is a professor of theology at Pontificia Universidad Javeriana in Bogotá, with special interests in systematic theology, ecumenism, and ethics.

MIÉRCOLES
DE CUARESMA I

DEVOCIÓN CUARESMAL

Cuando veo las disciplinas a las que el Libro de Oración Común nos invita durante la Cuaresma, siempre pienso en un gimnasio: ejercitamos los corazones y las mentes con disciplinas que nos acostumbran al malestar que viene de la intensa actividad, y esto nos prepara para edificar el reino de Dios. Seguir a Jesús puede requerir sacrificio y malestar, pero de ese modo otras personas pueden gozar la vida abundante de Jesús. Las disciplinas cuaresmales nos fortalecen el alma, la mente y el cuerpo para esta santa labor.

Para mí, el ayuno y la auto negación son partes esenciales de una buena Cuaresma. Se parecen a los ejercicios que hacemos en el gimnasio, y crean memoria muscular. La repetición hace que los músculos recuerden lo que les pedimos que hagan y reacciones de la forma deseada. Para edificar esta "memoria muscular" cristiana, durante la Cuaresma practico el ayuno en dos modalidades: Lo que llamo mi ayuno cuaresmal y un ayuno diario los viernes y el Miércoles de Ceniza.

Para el ayuno cuaresmal, elijo algo de lo que me abstendré desde el Miércoles de Ceniza hasta Pascua. Me abstengo de

LENTEN DEVOTION

When I look at the disciplines that the Book of Common Prayer invites us to consider during Lent, I am reminded of a gym. We exercise our hearts and minds, following disciplines that help us get comfortable with the discomfort and hard work necessary to build the reign of God. Following Jesus sometimes requires sacrifice and discomfort so that others can enjoy the abundant life he brought us. Lenten disciplines strengthen our souls, minds, and bodies for this holy work.

For me, fasting and self-denial are essential for a good Lent. I see them as similar to exercises in a gym that build muscle memory. Repetition helps our muscles incorporate tasks as memory so that when prompted, they can react in a desired form. In order to build this Christian "muscle memory," I regularly fast during the season of Lent. I do this in two ways: what I call my Lenten fast and then a daily fast on Fridays and Ash Wednesday.

For the Lenten fast, I choose something to abstain from, starting on Ash Wednesday and continuing until Easter. I generally abstain from alcohol or takeout meals, as neither are essential in my diet or nutrition (health is important too since our bodies are

WEDNESDAY
LENT 1

alcohol y de comidas para llevar; estas cosas no nos esenciales para mi dieta o nutrición, y no debemos olvidar que la salud es importante, ya que nuestros cuerpos son los templos del Espíritu Santo. Todo esto va acompañado de un esfuerzo intencional por pasar tiempo con amigos o cocinar para mi familia. El dinero que ahorro en este ayuno lo dono a alguna buena causa de mi comunidad. De este modo, mi ayuno no solo me beneficia a mí, sino que además sirve a otras personas.

Además, durante el Miércoles de Ceniza y los viernes de Cuaresma, en memoria de la pasión del Señor, hago un ayuno extra y me abstengo de comer entre la salida y la caída del sol. Este ayuno mi ayuda a conectarme con mi cuerpo y sus limitaciones. Uso ese tiempo para orar y meditar, que me hacen fuerte ante los desafíos.

Así es como el ayuno se ha vuelto una disciplina central de mi Cuaresma, y sostiene otras disciplinas. Es un ejercicio simple y fácil de medir que me ayuda a enfocarme dentro y fuera de mí. El ayuno es un malestar disciplinado que me acondiciona el espíritu para los esfuerzos que vendrán cuando sirva a los demás.

Luis Enrique Hernández Rivas es un seminarista en el Seminario Teológico de Virginia y un candidato para las órdenes sagradas en la Diócesis de Nueva York. Se esfuerza por seguir a Jesús como miembro de la Comunidad de Francisco y Clara, una comunidad cristiana de la Iglesia Episcopal.

temples of the Holy Spirit). While refraining from alcohol and takeout, I focus intentionally on relationships and quality time, whether in social gatherings or cooking meals for my family. I donate what I would have spent on alcohol and restaurants to someone in need or to a local cause. In this way, my fast not only benefits me but also serves others.

Additionally, during Ash Wednesday and Fridays in Lent, in memory of the Lord's passion, I do an extra fast and abstain from eating anything while the sun is out. This fast helps me connect with my body and its limitations. The time I would spend in meals is used for prayer and meditation, which is the fuel that helps me face challenges.

Fasting, then, has become a core discipline for my Lent upon which other disciplines rest. It is also a simple and quantifiable exercise that helps me focus both within and outside of myself. Fasting is a disciplined discomfort that prepares me for the unexpected stretching that might come when I serve others.

❁ ❀ ❁ ⚘

Luis Enrique Hernández Rivas is a seminarian studying at Virginia Theological Seminary and a candidate for holy orders from the Diocese of New York. He strives to follow Jesus as a member of the Community of Francis and Clare, a Christian community in the Episcopal Church.

AYUDÁNDONOS CON NUESTRAS CARGAS

A veces los santos pasan a nuestro lado y no logramos advertirlos; a veces nos regalan una sonrisa cuando el estrés nos agobia y no somos capaces de ver en ella la sonrisa de Dios, mostrándonos que siempre está ahí para ayudarnos a liberar nuestras cargas.

Teresita es una señora entrada en años, muy delgada, que ha sufrido mucho en la vida y padece una enfermedad mental. Casi todos los domingos asiste a nuestra comunidad episcopal San Marcos, en Holguín (Cuba). Participa un rato en la misa, nunca está todo el tiempo, pero siempre antes de salir pide que oren por ella, su madre y su hermano. Cuando me mira siempre tiene una sonrisa limpia y pregunta por mi esposo, ministro de la congregación y por mis hijas.

La pandemia de Covid-19 nos cambió la vida a todos y hubo momentos muy duros, como en el verano de 2020, cuando se decretó cuarentena en Cuba y solo podía salir un miembro de la familia a buscar lo imprescindible para comer. En medio de esa crisis lo imprescindible no llegaba por ninguna parte, así que,

BEARING ONE ANOTHER'S BURDENS

Sometimes saints walk by, but we don't notice them. Sometimes they give us a smile, but, under overwhelming stress, we fail to see in them God's smile, a reassurance to us that God is always there, ready to take our burdens.

Teresita is old and very thin. All the suffering she endured in life has affected her mind. Almost every Sunday, she attends our Episcopal community in Holguín, Cuba. She never stays through the whole service, but before leaving, she asks for prayers for herself, her mother, and her brother. She always approaches me with a wide smile and asks me about my daughters and my husband, who is the minister.

COVID-19 changed everyone's life. One of the most difficult times was the summer of 2020, when a quarantine was issued; only one family member was allowed to leave the house and look for indispensable food items. But in the midst of the crisis, even those items were not available. For the first time, I was distressed by the prospect of not having anything to put on the table for my daughters.

THURSDAY
LENT I

por primera vez, sentí la angustia de no tener qué poner en la mesa para alimentar a mis hijas.

Teresita lo supo no se cómo, y aquel mediodía en que creí que mis oraciones a Dios no tendrían respuesta, ella tocó a mi puerta con su sonrisa de ángel y un plato grande de arroz en las manos. No podía abrazarla o besarla por el peligro de contagio, solo traté de agradecer con la mirada aquel gesto de amor, que llegó de la persona más pobre que visitaba San Marcos. Así siguió cada mediodía, hasta que ya no fue necesario, llegando con un plato de arroz en las manos y con aquella mirada que guardaba todo el amor de Dios.

Minelis Tamayo Megret nació en Guantánamo, Cuba. Es profesora de Literatura y edita la revista Luz de la Universidad de Holguín. En el 2013 se unió a la Iglesia Episcopal, donde sirve como maestra de catequesis y secretaria diocesana de la Organización de Mujeres Episcopales de Cuba.

I don't really know how, but Teresita found out about our situation. At noon, on the day when I thought my prayers would go unanswered, she knocked on my door. There she was, with her angelic smile, carrying a large bowl full of rice. I couldn't hug or kiss her because of the danger of infection, but I tried to thank her with my eyes for that loving gesture, which came from the poorest member of our community. She kept coming until we no longer needed her gift. Day after day, her hands carried a bowl of rice, and her eyes were filled with the love of God.

Minelis Tamayo Megret was born in Guantánamo, Cuba. She teaches literature and edits the magazine Luz *at Holguín University. In 2013 she joined the Episcopal Church, where she teaches catechism and serves as diocesan secretary for Episcopal Church Women in Cuba.*

VIERNES
DE CUARESMA I

MI ESPERANZA EN DIOS

Antes de venir a los Estados Unidos, mis padres y yo vivíamos en una aldea de Guatemala. De niña descubrí que algunos miembros de mi aldea se peleaban por el agua con algunos miembros de la aldea vecina. El agua limpia era escasa. Llegaba al punto de insultarse unos a otros y tratarse con hostilidad. Los políticos locales no ayudaban a que esta situación mejorara.

Hay muchas comunidades pequeñas en el mundo donde el agua es escasa. Muchas no tienen agua potable para beber. Al no tener acceso al agua, las personas se enferman o se mueren por deshidratación. Los recursos se vuelven escasos para los animales y las plantas que ayudan al sostenimiento del planeta.

Mi esperanza es que Dios se haga presente en estas comunidades, que toque los corazones de quienes tienen el poder de lograr que haya agua potable, para que las personas de esas aldeas puedan tener acceso al agua limpia, vivir sin enfermedades y prosperar. También le pido a Dios por el uso justo del agua, tan necesaria para el sostenimiento y supervivencia de nuestro planeta.

Vanessa Calel es miembro del Grupo de Jóvenes de St. Paul's/San Pablo Episcopal Church en Salinas, California.

MY HOPE IN GOD

Before moving to the U.S., my family lived in a small village in Guatemala. At a young age, I began to notice how people from my village would fight with another nearby village over access to water. Clean water was scarce. People would denigrate each other and treat their neighbors with hostility. Politicians did not improve the situation.

There are many small communities around the world where water is scarce. Many people do not have adequate drinking water. For lack of access, they may get sick or even die of dehydration. This also affects the animals and the plants that sustain our planet.

My hope is that God will be present in these communities, touching the hearts of those who can bring drinking water, so that people in those villages may have access to drinkable water, live without diseases, and prosper. I also ask God for the fair use of water, which is so essential for the sustenance and survival of our planet.

Vanessa Calel is a member of the youth group at St. Paul's/San Pablo Episcopal Church in Salinas, California.

FRIDAY
LENT I

SÁBADO
DE CUARESMA I

HACIA ADELANTE

En varios de los relatos de los Evangelios, Jesús aparece alimentando a la gente. Él nos da el mandato específico de alimentar con quien tiene hambre y dar agua a quien tiene sed (Mateo 10:42, 25:34-40). ¿Qué experiencias has tenido en la vida en relación con alimentar o ser alimentado?

El autor del jueves describe una práctica de ayuno que incluye ahorrar dinero y donarlo a una causa justa. ¿Cómo se relaciona esto con el pasaje bíblico del martes, tomado de Isaías 58? ¿Has practicado alguna vez el ayuno? ¿Cómo lo practicas? ¿Para qué ayunas?

Esta semana, abstente de consumir un producto habitual de tus comidas y dónalo a una despensa o almacén para gente necesitada. Investiga en línea acerca de organizaciones que llevan agua potable a comunidades rurales en otros países.

MOVING FORWARD

Several stories in the gospels show Jesus feeding people. He specifically commands us, his disciples, to feed the hungry and give water to the thirsty (Matthew 10:42, 25:34-40). What experiences have you had in your life with feeding others or with being fed by others?

The Thursday author describes a fasting discipline that includes saving money and donating it to a good cause. How does this connect to Tuesday's scriptural passage from Isaiah 58? Have you engaged in the discipline of fasting? How do you fast? What is your fasting for?

This week, abstain from one staple item in your meals and make a donation to a local food bank. Go online and learn about organizations that provide clean water to rural communities in other countries.

SATURDAY
LENT I

SEGUNDA SEMANA DE CUARESMA

SECOND WEEK
OF LENT

DOMINGO
DE CUARESMA II

Esta semana, comienza cada día diciendo esta oración:

Oh Dios, cuya gloria es siempre tener misericordia: Sé benigno a todos los que se han descarriado de tus caminos, y tráelos de nuevo con corazones penitentes y fe firme, para recibir y abrazar la verdad inmutable de tu Verbo, Jesucristo tu Hijo; que vive y reina contigo y el Espíritu Santo, un solo Dios, por los siglos de los siglos. Amén.

—Libro de Oración Común, p. 133

SUNDAY
LENT II

This week, start each day with the following prayer:

O God, whose glory it is always to have mercy: Be gracious to all who have gone astray from your ways, and bring them again with penitent hearts and steadfast faith to embrace and hold fast the unchangeable truth of your Word, Jesus Christ your Son; who with you and the Holy Spirit lives and reigns, one God, for ever and ever. Amen.

—The Book of Common Prayer, p. 218

LUNES
DE CUARESMA II

ENCUENTRO CON DIOS

Mi madre me cuenta que desde niña yo tenía como mejores amigos a mi ángel de la guarda y al niño Jesús. Y es cierto, muchos recuerdos de mi infancia los tienen como protagonistas. Esos recuerdos me traen sonrisas, pues me puedo ver como una niña jugando, riendo y hablando con quienes los demás veían como amigos imaginarios, aunque para mí eran mis compañeros inseparables. Al crecer dejé atrás muchas cosas de mi niñez, pero nunca la idea de que siempre estaban conmigo esos dos amigos fieles. Durante mi adolescencia y ahora en mi adultez esos amigos de la niñez están a mi lado y nunca me han abandonado.

Hoy puedo reconocer otros momentos en los cuales he tenido, ya como adulta, encuentros con Dios, con Jesús, encuentros sagrados que me recuerdan mi niñez. Y es que los encuentros con Dios no son singulares, sino cotidianos. Cuando abro el corazón, veo que Dios ha sido siempre fiel en su amor: cuidándome de los monstruos debajo de la cama cuando era niña; protegiéndome de los monstruos del odio, racismo y apatía que vivo como adulta; llorando conmigo al verme sufrir por la injusticias y las crueldades del mundo; también riéndose a mi lado, cuando

ENCOUNTER WITH GOD

My mother tells me that from my childhood, my best friends were my guardian angel and Baby Jesus. It must be true because they both played leading roles in many of my childhood memories. I smile when I remember how I would play, laugh, and talk with these "imaginary" friends who were, for me, real, inseparable companions. As I grew up, I left behind many things of my childhood but not this idea that these two faithful friends were standing by me. Through my adolescence and now into adulthood, those childhood friends have remained; they have never abandoned me.

Today, I can see other occasions when, as an adult, I have had encounters with God and with Jesus—encounters that remind me of my childhood. I do not see these encounters as extraordinary but rather as everyday events. When I open my heart, I see that my loving God has always been faithful: taking care of me when monsters lurked under my bed as a little girl; protecting me from the monsters of hatred, racism, and apathy that I encounter today; crying with me when I mourn the injustices and cruelties of the world; laughing with me when I have felt the joy of love; and celebrating with me the triumphs of my life, great and small.

MONDAY
LENT II

siento la alegría del amor; y celebrando los triunfos pequeños y grandes de mi vida.

La presencia de Dios no viene de una voz en las nubes. Yo puedo sentir esa presencia en el murmullo del viento, en el vaivén de las olas en la playa, en el silencio de la noche o en la risa de un bebé. No tengo que salir a buscar a Dios, pues está conmigo en el amor de familia y de comunidad, en la plenitud de la vida y cuando resisto el mal. Dios está siempre presente esperando que yo note su presencia. Sin importar en qué etapa de la vida estemos, solo tenemos que abrir nuestro corazón para encontrarnos con Dios. Que ese encuentro nos recuerde que Dios nos creó en amor, para amar a su pueblo.

Nancy Frausto nació en Zacatecas, México, y se diplomó en Teología en Bloy House, la Universidad Teológica Episcopal de Los Ángeles. Es sacerdote episcopal. Hoy se desempeña como directora de Estudios Latines en el Seminario del Suroeste en Austin, Texas.

God's presence doesn't come as a voice from the clouds. I feel that presence in the whispers of the wind, in the rhythm of the waves at the beach, in the silence of the night, or in the giggling of a baby. I do not have to go out to seek God: God is with me in the love of my family and my community, in living life to its fullest and resisting evil. God is always present, waiting for me to notice that presence. No matter what stage of life we are in, all we have to do to find God is open our hearts. May this encounter be a reminder that God created us in love and calls us to love God's people.

Nancy Frausto was born in Zacatecas, Mexico. An Episcopal priest, she has a degree in theology from Bloy House, the Episcopal Theological School at Los Angeles. She has recently been appointed director of Latinx studies at Seminary of the Southwest in Austin, Texas.

MARTES
DE CUARESMA II

LA PALABRA DE DIOS

Les digo todo esto para que encuentren paz en su unión conmigo. En el mundo, ustedes habrán de sufrir; pero tengan valor: yo he vencido al mundo.

—Juan 16:33

En el sendero la vida, hay momentos en que nos sentiremos al borde de un abismo. Miramos, como desde un brocal endeble, al fondo de un pozo. Solo vemos penumbras y perdemos la esperanza. Sentimos que por nuestra fe, se nos empuja al precipicio. Sin embargo, en este mundo donde quizás podamos creer que ya no queda nada, prevalecemos. Nos tomamos de las manos, nos levantamos, y seguimos caminando. Aunque el camino sea sombrío aún quedan sonrisas que burlan el miedo y espantan los demonios.

Aunque habrá momentos de desolación, nos queda un Dios que nos trae la paz. Incluso en mis momentos más tortuosos, cuando

THE WORD OF GOD

I have said this to you, so that in me you may have peace. In the world you face persecution. But take courage; I have conquered the world!

—John 16:33

There are times in life when we feel at the edge of a cliff. As if looking into a well, we see darkness and lose hope. We feel that because of our faith, we're being pushed down the cliff. But even if we lose all hope in the world, we prevail. We hold each other's hands; we get up; we keep walking. Even if the road looks bleak, we still have smiles in us; these smiles defeat our fears and scare off our demons.

Even though there will be times when we feel forsaken, we still have God, the giver of peace. Even in my worst moments, when I feel surrounded by fear, I know God is with me. Even if we

TUESDAY
LENT II

siento que el temor se cierne sobre mí, sé que Dios está conmigo. No hemos de temer ante los golpes del mundo: porque Cristo venció, y por él somos invencibles.

Melissa María Fat Tamayo nació en Guantánamo, Cuba, y se incorporó a la Iglesia Episcopal en 2013. Estudia de Medicina en la Universidad de Ciencias Médicas de Holguín y es la presidenta del grupo local de Jóvenes Episcopales de Cuba.

get knocked down by the world, we should not fear: Christ has conquered the world, and because of him, we are invincible.

Melissa María Fat Tamayo was born in Guantánamo, Cuba, and joined the Episcopal Church in 2013. She is a medical student at the University of Medical Sciences in Holguín, Cuba, and the president of the local group of Episcopal Youth in Cuba.

MIÉRCOLES
DE CUARESMA II

DEVOCIÓN CUARESMAL

Esta Cuaresma decidí que dejaría de beber alcohol y limitaría el tiempo que paso frente a la pantalla del teléfono. Lo hice para liberarme de hábitos insalubres y permitirme estar más atento a la manera en que Dios está vivo y obra en el mundo.

En los últimos años he empezado a notar que el alcohol, aunque sea solo una cerveza o un vaso de vino, interfiere con una buena noche de sueño. Evitar alcohol por cuarenta días me recuerda que en realidad me siento mejor cuando no bebo.

También he notado que uso el teléfono móvil de forma obsesiva: si hay un momento de silencio, reviso de inmediato mi cuenta de email; si voy en el metro, quiero ver qué está ocurriendo en mis redes sociales. Hace algunas semanas iba en el autobús y estaba tan absorto en Twitter que no miré ni una sola vez por la ventana. Le he puesto límites de tiempo a mis aplicaciones favoritas, y estoy aprendiendo a hacer a un lado el teléfono y estar más presente en el mundo.

Dios nos llama a la libertad, y eso invita la pregunta: ¿Soy libre de sustancias que puede hacerme daño, y de la adicción a las redes

LENTEN DEVOTION

This Lent, I decided to give up drinking alcohol and am limiting my time on my phone. Both practices are intended to help free me from unhealthy habits and to allow me to be more present to the way that God is alive and working in the world.

Over the past few years, I have noticed that even small amounts of alcohol (a beer or glass of wine) significantly impact my ability to go to sleep and rest deeply. Taking forty days off helps remind me that I am actually better without it.

Similarly, I have also noticed how compulsive I am about my phone. If there is a moment of silence, I check my email. If I am riding the subway, I start scrolling social media. A few weeks ago, I realized I had never once looked outside for an entire bus ride because I was absorbed in Twitter. I have set timers now for my favorite apps and am learning to put my phone away and be more present to the world.

God calls us to freedom, and this means we must reflect on how free we actually are from both substances as well as the addictive

WEDNESDAY
LENT II

sociales? La Cuaresma es una buena época para reconquistar nuestro tiempo, energía, sueño, y también nuestra salud mental. Así estaremos más presentes ante Dios y ante nuestra comunidad.

Miguel Escobar es el director ejecutivo la Escuela Teológica Episcopal del Seminario Union, donde ayuda a formar líderes episcopales dedicados a la justicia social. Participa de dos parroquias en Brooklyn, Nueva York: Todos los Santos, en Park Slope, y San Andrés, en Sunset Park. Vive con su esposo Ben y un perro llamado Duke en Brooklyn, Nueva York.

algorithms of social media. Lent is a good time to reclaim time, energy, good sleep, and headspace so as to be more present to God and to our community.

Miguel Escobar is executive director of Episcopal Divinity School at Union Theological Seminary (EDS at Union), where he works in the formation of social justice faith leaders for the Episcopal Church. He divides his time between two parishes in Brooklyn, New York: All Saints Park Slope and San Andrés in Sunset Park. He lives with his husband, Ben, and dog, Duke, in Brooklyn.

JUEVES
DE CUARESMA II

AYUDÁNDONOS CON NUESTRAS CARGAS

Así llueva o truene, Lorena y sus dos amigas llegan juntas cada domingo a la misa del mediodía. Las saludo feliz de verlas y mi alma se llena del brillo de sus caras sonrientes y sus cálidos abrazos. Desde el altar veo que, atentas, siguen cada parte del servicio, aunque no cantan los himnos en inglés y hasta hace poco tampoco se acercaban a comulgar: se quedaban sentadas observando al resto de los fieles recibir la comunión.

En una de mis visitas al hogar de Lorena, con dulzura le pregunté por qué no comulgaba. Con tristeza en sus ojos me respondió que no había quién oyera sus confesiones. Lorena y sus amigas no hablan inglés. En ese momento sentí el impulso del Espíritu Santo, y le ofrecí a Lorena escuchar su confesión. Le expliqué que, por ser diácona, se me permitía hacerlo. Sin titubear, Lorena me pidió que lo hiciéramos al día siguiente en su hogar.

Esa mañana ambas estábamos preparadas para una visita diferente que, sin decirlo, percibimos sagrada. Lorena me pidió que nos sentáramos frente a frente y delante de su altar. Fervientes oraciones salidas de nuestras almas le dieron comienzo a lo que fue para Lorena contarme la historia de su vida. Al compartir

BEARING ONE ANOTHER'S BURDENS

Rain or shine, Lorena and her two friends come every Sunday for our noon mass. I greet them joyfully, and their bright smiles and warm hugs fill my soul. From the altar, I can see that they follow attentively every part of the service, although they do not sing the English hymns; until recently, they didn't receive communion either—they merely observed from their pew.

During a visit to Lorena's home, I asked her gently why she didn't receive communion. With sadness in her eyes, she told me there was no one to hear her confession. Lorena and her friends didn't speak English. I felt moved by the Holy Spirt and offered to hear Lorena's confession. I explained to her that as a deacon, I can administer this rite. Without hesitation, Lorena asked me to do it at her home the next day.

We both prepared ourselves for a visit that we knew would be different and sacred. Lorena suggested that we sit face to face in front of her home altar. We prayed fervently, and then Lorena told me her life's story. She looked me in the eyes as she relived moments of joy and stories of struggle, suffering, and indecision.

THURSDAY
LENT II

mirándome a los ojos, su ser revivía los momentos de alegría y felicidad, las historias de sus luchas, sufrimientos, indecisiones, actos de los cuales se había arrepentido y que, para acercarse a recibir el cuerpo y la sangre de Cristo, necesitaba ser perdonada por Dios. Con respeto y reverencia yo escuchaba cada palabra que salía del corazón contrito de Lorena y oraba agradecida por el regalo de gracia que Dios nos ofrecía a las dos. Me prometí ser instrumento del Espíritu para que nuestras comunidades nunca tuvieran que abstenerse de comulgar por no poder confesarse en su propio idioma.

El semblante de Lorena irradiaba luz, la misma luz que iluminaba el crucifijo, las estampas de vírgenes y santos y las fotos de su altar. Se arrodilló y conmovida alabó a Dios, con oraciones que la acompañaban desde que salió de su tierra natal. Nuestras oraciones llenaron el espacio de amor y gratitud a Dios; sentimos su presencia en nosotras. Lorena se sentía feliz y en paz.

Días después escuché las confesiones de sus amigas, y ahora son ellas las primeras en acercarse al altar para comulgar. ¡Alabado sea el Señor!

Ema Rosero-Nordalm nació en Tumaco, Colombia. Se diplomó en educación bilingüe y bicultural, y trabajó hasta su jubilación en la Universidad de Boston como coordinadora de programas, profesora y a cargo del entrenamiento de estudiantes graduados en métodos de enseñanza del español como segunda lengua. Como diácona, ha servido especialmente a la comunidad latina, empoderando mujeres, creando programas de capacitación y mentoría y enfocándose en cuestiones de justicia social y racial.

She was penitent and wanted God's forgiveness so that she could commune again. I listened respectfully and reverently to her broken heart and prayed in thanks for the grace that God was offering to the two of us. And I committed myself to being available so that people in our communities would not have to abstain from communion because they couldn't confess in their native language.

Lorena's countenance glowed with the same light that fell on her altar—on the crucifix, the photographs, and the images of virgins and saints. She was moved. She knelt and praised God using prayers she had carried inside her when she left her native country. Our prayers filled the space with love and thanksgiving to God; we felt God's presence within us. Lorena was happy and peaceful.

A few days later, I heard her friends' confessions; now they are the first to approach the altar for communion. Thanks be to God.

❀✕❀✕

Ema Rosero-Nordalm was born in Tumaco, Colombia. She earned a degree in bilingual and bicultural education from University of Massachusetts Boston. Until she retired, she worked at Boston University, where she trained students in methods for teaching Spanish as a second language. As a deacon, she has served especially the Latino community, empowering women, creating training and mentorship programs, and focusing on social and racial justice.

MI ESPERANZA EN DIOS

Como encargada de la escuela dominical de mi congregación en Miami, algo que he notado es que varias niñas de entre los seis y los nueve años, todas ellas latinas de diversos matices, comienzan a discriminarse y compararse a ver quién es la más bonita. Esta situación me rasga el corazón, porque veo mi infancia reflejada en las vidas de esas niñas. Yo, como joven afrolatina, puedo ver cómo las malas enseñanzas del pasado siguen vivas en nuestra actualidad.

Hoy en día, la Iglesia tiene que ser un lugar donde enseñemos a nuestros niños y niñas a verse unos a otros con el mismo amor que Dios nos ve. Me entristece que todavía no hayamos asimilado la enseñanza de Jesús sobre amar a nuestro prójimo como a nosotros mismos. Mi esperanza en Dios es que nuestra iglesia Episcopal continúe siendo un catalizador en el progreso hacia la igualdad y las oportunidades sin discriminar a nadie por su raza, género u orientación sexual.

Dios, tú que nos hiciste a tu imagen y semejanza: cura las heridas hechas por un pasado esclavista, y ayúdanos a formar

MY HOPE IN GOD

My Sunday school class includes several six- to nine-year-old girls who are Latinas and have different skin colors. I have noticed they make comparisons among themselves, arguing over who is the most beautiful. This breaks my heart because I see my own childhood reflected in their lives. As an Afro-Latina woman, I feel the bad teachings of the past are still alive and thriving.

The church today should be a place where we teach our children to see one another with the same love with which God sees us. It saddens me to see that we are not yet living Jesus's teaching about loving our neighbor as ourselves. My hope in God is that our Episcopal Church will continue to be a catalyst toward equality and opportunities without discriminating against anyone for their race, gender, or sexual orientation.

O God, who made us in your image and likeness, heal the wounds of slavery and help us create a better world in which our children can live without being the object of discrimination.

FRIDAY
LENT II

un mundo mejor en el que nuestros niños y niñas puedan vivir sin ser discriminados.

Adialyn Milien nació en una familia episcopal de origen dominicano y haitiano. Tiene una maestría en administración de negocios y su fe la impulsa a trabajar con el pueblo de Dios. Se desempeña en el área de comunicaciones de la Diócesis de California y es codirectora del ministerio de adultos jóvenes en la Diócesis del Sudeste de la Florida.

Adialyn Milien is a cradle Episcopalian originally from the Dominican Republic and Haiti. She holds a master's degree in business administration and has a faith-driven passion for working with the people of God. She currently works as the communications associate for the Episcopal Diocese of California. She is also the co-director of young adult ministries for the Diocese of Southeast Florida and the coordinator for Nuevo Amanecer 2022.

SÁBADO
DE CUARESMA II

HACIA ADELANTE

❉❈❁❉❈❁❉❈❁❉❈❁❉❈❁❉❈❁❉❈❁

Esta semana nos invita evitar distracciones mundanales y buscar la voz de Dios en cosas supuestamente "pequeñas" como pueden ser disfrutar de la naturaleza, crear conexiones con otras personas y restaurar relaciones. ¿Qué ejemplos se te ocurren de cosas "pequeñas" que te acercan a Dios?

La autora del miércoles menciona a una mujer que halló restauración espiritual en la confesión (o sea, el rito de reconciliación). ¿Te has confesado alguna vez con alguien del clero, o has pensado hacerlo? Puedes aprender más acerca de la confesión en las páginas 368-373 del Libro de Oración Común.

La tecnología es una espada de doble filo que puede mantenernos desconectados de Dios, de lo que nos rodea, y de otras personas. Esta semana planea un "ayuno digital" en el que te abstendrás por 24 horas de usar tecnología y las redes sociales. Después del ayuno, habla acerca de tu experiencia con alguien cercano.

MOVING FORWARD

This week invites us to avoid worldly distractions and seek God's voice in "small" things such as enjoying nature, building personal connections, and restoring relationships. Are there examples in your life of "small" things that bring you closer to God?

Wednesday's author mentions a woman who found restoration in confession (the rite of reconciliation). Have you ever engaged, or considered engaging, in this rite? You can learn about it on pages 446-452 of the Book of Common Prayer.

Technology is a double-edged sword that can keep us disconnected from God, our surroundings, and each other. This week, make plans for a 24-hour "media fast" by abstaining from technology or social media. After the fast, talk about your experience with someone close to you.

SATURDAY
LENT II

TERCERA SEMANA DE CUARESMA

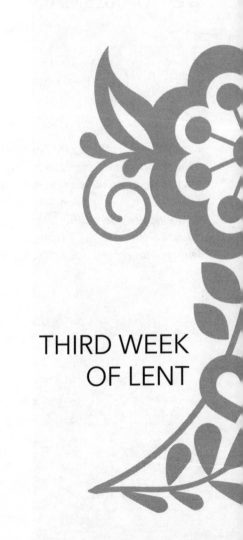

THIRD WEEK
OF LENT

DOMINGO
DE CUARESMA III

Esta semana, comienza cada día diciendo esta oración:

Dios todopoderoso, tú sabes que en nosotros no hay poder para ayudarnos: Guárdanos tanto exteriormente en cuerpo como interiormente en alma, para que seamos defendidos de todas !as adversidades que puedan sobrevenir al cuerpo, y de los malos pensamientos que puedan asaltar y herir el alma; por Jesucristo nuestro Señor, que vive y reina contigo y el Espíritu Santo, un solo Dios, por los siglos de los siglos. Amén.

—Libro de Oración Común, p. 133

SUNDAY
LENT III

This week, start each day with the following prayer:

Almighty God, you know that we have no power in ourselves to help ourselves: Keep us both outwardly in our bodies and inwardly in our souls, that we may be defended from all adversities which may happen to the body, and from all evil thoughts which may assault and hurt the soul; through Jesus Christ our Lord, who lives and reigns with you and the Holy Spirit, one God, for ever and ever. Amen.

—The Book of Common Prayer, p. 218

LUNES
DE CUARESMA III

ENCUENTRO CON DIOS

Hace algunos años, alquilé un pequeño apartamento en el piso más alto de un edificio ubicado al este de la ciudad de Santo Domingo. Un lugar acogedor, perfecto para mí en esa etapa de mi vida, con la quietud que buscaba para descansar luego de agotar una jornada laboral intensa y para pensar sin interrupciones ni distracciones durante mis horas de ocio. Había superado una crisis médica y un tortuoso divorcio—con sus implicaciones económicas. Sentí que tenía que reponerme para acompañar a mi padre a hacer frente a los dolorosos diagnósticos de mi madre: cáncer de seno y Alzheimer. Me sentía desmoralizada, abatida y triste; preferí estar "sola" para no amargarle la vida a otras personas.

Y te estarás preguntando: ¿Cómo encontrar a Dios en todo esto? Yo me hacía la misma pregunta. A pesar de saber que Dios estaba cerca, no lograba conectarlo con mi realidad. Pensaba que estaba enojado y que tenía razón, porque escuché otros consejos y desestimé los de él. Creí que estaba por mi cuenta y debía salir del charco en el que me había metido como pudiera.

El día de la mudanza estaba muy cansada, sin ánimo para desempacar u organizar las cosas en mi nuevo espacio. Atiné a ubicar los artículos para la higiene personal, acomodé la cama y me tendí sobre ella con intención de dormir. Sin embargo, fueron

ENCOUNTER WITH GOD

A few years ago, I rented a small apartment on the top floor of a building east of Santo Domingo, Dominican Republic. I felt this cozy apartment was perfect for that stage of my life. I wanted a place where I could rest after long hours at work, without interruptions or distractions. I had just overcome a medical crisis and a messy divorce; my finances had been impacted. My mom had been diagnosed with breast cancer and Alzheimer's, so I felt a responsibility to support my dad. I felt defeated, tired, and sad. I didn't want others to be affected by my gloom.

You may be wondering how one finds God in the midst of all this—and I was asking myself the same question. Even though I knew God was near, in my situation I couldn't see him. I thought God was mad at me—and justly so, I thought, because I had disregarded his counsel. I thought I was on my own, and I had to sink or swim.

The day I moved into the new apartment, I was too tired to unpack or organize my belongings. I merely found my toiletries, made my bed, and lay down to sleep. Yet, as if in a movie, I relived in my mind all the troubles I had recently experienced. I felt hopeless, particularly when thinking about my mother. How

MONDAY
LENT III

apareciendo en mi mente cada detalle de lo que había atravesado durante los últimos meses como una película. Una sensación de desesperanza me abrumó. Pensaba en la situación de mi madre, no podía entender de qué manera le ocurrió eso. Me preguntaba cómo iba a enfrentar ese reto y estaba atemorizada como nunca lo había estado, ya que mi madre era mi soporte constante. Me sentí devastada, desconsolada y desorientada.

Entonces una dulce voz me interrumpió el llanto, diciendo: "El Señor es tu Pastor, nada te faltará". Me asusté, porque me creía "sola" y me levanté a revisar puertas y ventanas. Busqué y no vi a nadie; no sentía miedo, sino paz. Regresé a la cama y mis pensamientos de dolor cambiaron. Recordé que algo parecido le sucedió al profeta Samuel con la voz que escuchó y que "en esos tiempos no era común oír palabra del Señor, ni eran frecuentes las visiones" (1 Samuel 3:1). Y el Salmo 23 era el que mi madre me había enseñado de niña. ¡Era mi Salmo!

A partir de esa noche retomé mi vida de oración, de comunidad, de servicio y de estudio de la Biblia con pasión y entrega a tiempo y fuera de tiempo, con la certeza de que el Señor es mi pastor, mi reposo, mi fuerza, mi justicia, mi proveedor, mi bondad y mi amor para siempre, de acuerdo con el Salmo 23. Ese encuentro con Dios me hizo ver el mundo desde la mirada compasiva de Jesús, vivir agradecida por su misericordia infinita y abrazar el compromiso de mis votos bautismales.

❧✦❧✦

Patricia Martin se crio en la tradición episcopal y es miembro de la Iglesia San Andrés en Santo Domingo, República Dominicana. Estudió administración de empresas y ha trabajado para multinacionales, así como para su Diócesis. Es ministra laical licenciada y miembro de la Red Episcopal GEMN.

could she be so sick? She had been my constant support. I felt devastated and disoriented.

Then I heard a sweet voice interrupt my crying, saying: "The Lord is your shepherd, you shall not want." I got frightened, because I was supposed to be alone; I got up, checked the doors and windows but couldn't find anyone in the apartment. Somehow, my fear turned into peace. I returned to my bed; my pain had eased. I recalled that something similar had happened to the prophet Samuel at a time when "the word of the LORD was rare" and "visions were not widespread" (1 Samuel 3:1). As for those words I heard from Psalm 23, I remembered that it was the psalm my mother had taught me as a child. It was my psalm!

Since that night, I always make time to reengage with prayer, community, service, and Bible study. I am certain that the Lord is my shepherd, my rest, my strength, my justice, my provider, my kindness, and my love forever, as Psalm 23 declares. This encounter with God helped me see the world with Jesus's compassionate eyes, to be grateful for his mercy and to embrace my baptismal vows.

A cradle Episcopalian, Patricia Martin is a member of St. Andrew's Church in Santo Domingo, Dominican Republic. She has a degree in business administration and has worked both in the corporate world and in the Diocese of Dominican Republic. She is a licensed lay minister and a member of the Global Episcopal Mission Network (GEMN).

MARTES
DE CUARESMA III

LA PALABRA DE DIOS

[Josué] dijo a todo el pueblo: "Elijan hoy a quién van a servir... . Por mi parte, mi familia y yo serviremos al Señor".

—Josué 24:2a, 15

Los profetas fueron enviados por Dios a hablar en su nombre y guiar a su pueblo a un real conocimiento del Dios Todopoderoso. Tal fue el caso de Josué. Él interpeló al pueblo de Israel sin temor alguno, diciéndoles que debían olvidarse de sus otros dioses y solo servir al Señor.

Algunas veces se nos hace difícil tomar la decisión de servir a Dios, pues tenemos el temor de que se alejen amigos o familiares que tienen diferentes creencias a las nuestras. Josué es un claro ejemplo a seguir. Él no solo se comprometió personalmente, sino que habló en nombre de su familia.

En nuestro peregrinaje cristiano, se nos presentan desafíos sobre dónde, cuándo y cómo servir al Señor. Es algo que todo

THE WORD OF GOD

And Joshua said to all the people: "Choose this day whom you will serve...but as for me and my household, we will serve the LORD."

—Joshua 24:2a, 15

The prophets were sent to speak in God's name and guide his people to a real knowledge of God Almighty. Such was the case with Joshua. He boldly challenged the people of Israel and told them to forsake other gods and serve only the Lord.

Sometimes it is hard to make the decision to serve God because we are afraid we will lose friends or family who have different beliefs. Joshua stands out for his leadership. He committed not only personally but in the name of his household.

In our Christian walk, we will be challenged to decide where, when, and how to serve the Lord. It is something that every baptized person must decide the day they put their faith into

TUESDAY
LENT III

bautizado debe tener claro desde el momento en que decide poner en práctica su fe. Josué tuvo claro a quién serviría. Es difícil tomar una decisión, pero lo maravilloso es que se nos da la oportunidad de elegir.

Te invito a que veas tu vida cristiana a la luz de las enseñanzas de Jesús. Que el Espíritu Santo nos guíe para vivir vidas íntegras y dedicadas por completo a Dios.

Margarita Santana nació en la República Dominicana. En 1992 se convirtió en la primera mujer ordenada presbítera en la Diócesis Episcopal de la Republica Dominicana. Hoy pastorea la Iglesia de la Resurrección en Baltimore, Maryland, y se desempeña como canóniga para ministerios latinos en la Diócesis de Maryland.

practice. Joshua knew clearly whom he would serve. It may not be an easy decision, but the wonderful thing is that we are given a chance to choose.

I invite you to think about your Christian life in the light of Jesus's teachings. May the Holy Spirit guide us all to live lives that are wholesome and fully dedicated to God.

❀❃❀

 *Margarita Santana was born in the Dominican Republic. In 1992, she became the first ordained priest in the Episcopal Diocese of the Dominican Republic. She pastors Church of the Resurrection in Baltimore, Maryland, and is the canon for Latino ministries in the Diocese of Maryland.*

MIÉRCOLES
DE CUARESMA III

DEVOCIÓN CUARESMAL

El año pasado vi un documental sobre cómo era la música en la iglesia durante la Reforma anglicana. Allí aprendí acerca de un himnario publicado por John Merbecke en el año 1550, que presenta melodías muy simples para cantar algunas de la oraciones más comunes del Libro de Oración Común. Este himnario apareció cuando muchos decían que la música polifónica era demasiado ostentosa. Hasta el siglo IX, el estilo que hoy llamamos canto llano era el único tipo de música que se usaba en la iglesia. En 1550, en el apogeo de la reforma inglesa, mucha gente creía que ese estilo llano era el único aceptable.

Tuve mucha curiosidad por este libro, y cuando lo busqué en internet, descubrí que estaba a la venta. Compré tres copias que puse junto al piano. Mi esposo y yo fuimos a Wikipedia para aprender a leer la notación musical antigua. Durante Cuaresma, al atardecer, cantamos el magníficat que aparece en este himnario.

No era fácil leerlo, porque el libro venía en letra gótica y usaba una ortografía inglesa muy anticuada. A pesar de la dificultad, yo pensé que cantar esa melodía era algo muy hermoso. Esa forma de cantar el magníficat nos conectaba no solo con el Libro

LENTEN DEVOTION

Last year, I watched a documentary about church music during the English Reformation and learned about John Merbecke's hymnal, *The Book of Common Prayer, Noted*. Published in 1550, this hymnal presents simple melodies to be sung with texts from the prayer book. The book came out at time when polyphonic music was considered too flashy. The simpler monophonic melodies, known today as plainsong or plainchant, had been the only kind of music used by the church until the ninth century. In 1550, with the English Reformation in full swing, many people thought plainchant should be the only kind of music allowed in church.

Curious about this book, I went online and found out, to my surprise, that inexpensive copies could be purchased on Amazon. I ordered three copies that now sit next to the piano. My husband and I went to Wikipedia to figure out how to read the old musical notation. During every evening of Lent, we sang the *Magnificat* from this book. The first two lines, written in Gothic letters, read:

My soule doth magnifie the lorde.
And my spirit hath reioyced in god my saviour.

WEDNESDAY
LENT III

de Oración Común y la historia de la Reforma, sino también con uno de los himno más importantes que aparecen en la Biblia (Lucas 1:46-55). Ahora, cuando recibimos visitas, en vez de bendecir la comida con una oración convencional, los invitamos a que se acerquen al piano y canten el magníficat con nosotros:

Proclama mi alma la grandeza del Señor,
se alegra mi espíritu en Dios mi Salvador, etc.

Algunos pensarán que las melodías de este himnario, publicado hace casi cinco siglos, son extrañas o irrelevantes para nuestra época. Sin embargo, hay algo muy hermoso en la manera en que María presenta lo que Dios está haciendo en el mundo, y es tan relevante hoy como cuando María lo describió:

Dios derriba del trono a los poderosos,
y enaltece a los humildes.
A los hambrientos los colma de bienes,
y a los ricos despide vacíos.

Sin importar qué melodía usemos, nunca dejemos de cantar ese himno de María que nos invita a un mundo de abundancia y de justicia.

❀ ↘❀↙

Hugo Olaiz nació en Argentina y es editor asociado de recursos latinos/hispanos para Forward Movement. Es miembro de la Iglesia de la Santísima Trinidad y vive en Oxford, Ohio, con su esposo John-Charles Duffy y una perrita llamada Percy.

It took us a while to get used to the archaic spelling and typeface, yet I thought the music was very beautiful. By singing the *Magnificat* this way, we were connecting not only to the Book of Common Prayer and the history of the English Reformation but also to one of the most significant hymns found in the Bible (Luke 1:46-55). Now, when we have guests over for dinner, instead of blessing the food with a traditional prayer, we invite our guests to come to the piano and sing the *Magnificat* with us.

Some people may feel that the melodies penned by Merbecke in 1550 are strange or outdated. Yet the vision of God's activity in the world seems to me as beautiful and relevant today as it was when Mary first described it:

God hath put down the mighty from their seat,
and hath exalted the humble and meek.
He hath filled the hungry with good things,
and the rich he hath sent empty away.

Whatever melody we use, let's never stop singing Mary's hymn, which invites us to a world of abundance and justice.

A native of Argentina, Hugo Olaiz is an associate editor for Latino/Hispanic resources at Forward Movement. A member of Holy Trinity Church, he lives in Oxford, Ohio, with his husband, John-Charles Duffy, and a dog named Percy.

JUEVES
DE CUARESMA III

AYUDÁNDONOS CON NUESTRAS CARGAS

En 2016, junto con dos de mis hermanos y otro amigo, formamos un grupo musical llamado Proclama Worship. Este grupo es realmente un ministerio de amor y de servicio a la iglesia. El grupo se formó en la Catedral Santa María de los Ángeles de Tegucigalpa, Honduras, que es nuestra sede, pero desde entonces hemos tenido la oportunidad de ayudar a nuestras hermanas y hermanos a sentir el Espíritu de Dios en muchas ciudades y pueblos de Honduras.

Uno de nuestros viajes más interesantes fue a la Iglesia Emmanuel, que queda en la isla de Roatán. La Iglesia no tenía en ese momento un ministerio musical, pero nuestra visita los animó a comenzar su propio grupo de música. En 2018 viajamos a Siguatepeque, dos horas al noroeste de Tegucigalpa, y participamos en un avivamiento al que asistieron cerca de 3.000 personas. Y en 2019 viajamos a Panamá para un evento episcopal que reunió jóvenes de muchos países de América Latina.

Hoy nuestro grupo cuenta con seis miembros. Nuestro propósito de buscar la presencia y reposo en Dios por medio de

BEARING ONE
ANOTHER'S BURDEN

In 2006, along with two of my brothers and a friend, I helped start a musical group called Proclama Worship (Proclaim Worship). This group is a ministry of love and service to the church. The group was formed at St. Mary of the Angels Cathedral in Tegucigalpa, Honduras, which is our base, yet since starting this ministry, we have had the opportunity to help our sisters and brothers feel God's Spirit in many cities and villages across Honduras.

One of our most notable trips was to Church Emmanuel on the island of Roatán. The church did not have local musicians, but our visit encouraged them to start their own musical ministry. In 2018, we traveled to Siguatepeque, two hours northwest of Tegucigalpa, where we participated in a revival attended by nearly 3,000 people. In 2019, we traveled to Panama for an Episcopal youth event that brought together young people from many Latin American countries.

Today, our group consists of six people. Our mission is to seek God's presence and solace through worship. As musicians, we

THURSDAY
LENT III

la alabanza. Como músicos, procuramos realizar nuestra labor con excelencia, preparando la mente y el corazón en el Espíritu Santo. Nuestro deseo es proporcionar a nuestros semejantes la oportunidad de vivir una atmósfera de paz y de amor en la presencia del Señor.

José R. Juárez es de Tegucigalpa, Honduras, donde hoy trabaja como abogado. Es el director del ministerio de alabanza de la Catedral Santa María de los Ángeles y miembro del Comité Diocesano de Liturgia y Música. Para información del grupo, busca Proclama Worship Honduras en Facebook.

strive for excellence in our work, preparing our hearts and minds in the Holy Spirit. We hope to help many of our brothers and sisters to experience peace and love and to feel the presence of God.

José R. Juárez was born in Tegucigalpa, Honduras, where he went to college and works today as a lawyer. He is the director of worship at St. Mary of the Angels Cathedral and a member of the Diocesan Committee on Liturgy and Music. Learn more about his musical ministry by searching for Proclama Worship Honduras on Facebook.

MI ESPERANZA EN DIOS

Nuestra hermosa iglesia se estableció con la venida de nuestro Salvador Jesucristo. Aunque fue un Sacerdote perfecto el que le dio inicio, se han producido muchas divisiones, ya que los miembros son imperfectos. Si hoy salimos a la calle, oímos a tantos heraldos proclamar que la iglesia *de ellos* es la única verdadera. La iglesia *de ellos* es la que trae salvación. Las diferentes ramas del cristianismo discuten y a veces calumnian a quienes no están de acuerdo con su doctrina. ¿Cómo podemos esperar que la gente halle paz en la iglesia si la impresión que se llevan es la de una familia desunida?

Seamos episcopales, católico-romanos, o de cualquier otra denominación, somos todas ramas del mismo árbol, un árbol hermoso que Dios plantó hace muchos años. Mi esperanza es que como hermanos y hermanas en Cristo, podamos dejar de discutir, encontrar unidad y paz mutua, y aprender a trabajar juntos para hacer que la gente se vuelva a Dios. Somos hijos e hijas de Dios; con su luz, espero que nos unamos y continuemos plantando semillas de esperanza en este mundo turbulento. Amén.

MY HOPE IN GOD

Our beautiful church was established long ago through the coming of our Savior Jesus Christ. Since the commencement by the perfect priest, the church has fought through many divisions by its imperfect members. Today, you cannot walk outside without hearing heralds proclaim that *their* church is the *true* church. *Their* church is the answer to salvation. Different walks of Christianity argue against one another and slander their neighbor for not agreeing with their doctrine. How can we expect people to find comfort in the church when they are left with the impression of a disunited family?

Whether you are Episcopalian, Roman Catholic, or any other denomination, we are all branches of the same tree—the beautiful tree, planted by God all those years ago. My hope is that as brothers and sisters in Christ, we can stop bickering among ourselves, find unity and comfort in each other, and learn to work together to bring people back to God. With God as our light, I hope we can unite as the children of God and continue planting seeds of hope in our troubled world. Amen.

FRIDAY
LENT III

Anthony Rodríguez es Salvadoreño-estadounidense, y nació y se crio en Houston, Texas. Estudia Teología en la Universidad de Santo Tomás y viene sirviendo como líder del ministerio de niños desde hace tres años. Le encanta jugar al fútbol y está siempre listo para un buen partido.

Anthony Rodríguez is a Salvadorean-American born and raised in Houston, Texas. A theology major at the University of St. Thomas, Anthony has served in the children's ministry as a leader for the past three years. He loves soccer and is always ready for a good game.

SÁBADO
DE CUARESMA III

HACIA ADELANTE

❀✺❀✺❀✺❀✺❀✺❀✺❀✺❀✺❀

Esta semana leímos relatos acerca de oír la voz de Dios y encontrar nuestra propia voz. El autor el viernes también menciona cómo las diversas ramas del cristianismo a veces alzan la voz y discuten a gritos. Enumera cinco ideas que pueden promover voces armoniosas en la iglesia, el trabajo o el hogar.

Dos de los relatos de esta semana (miércoles y jueves) tienen que ver con la música. ¿De qué manera es la música parte de tu vida? ¿Es parte de tu vida espiritual? ¿De qué manera?

Dos de las historias de esta semana (lunes y martes) describen a personas que toman decisiones que les cambian la vida. ¿Hay conversaciones que deberías tener con otras personas, o con Dios, o decisiones que vienes aplazando? Marca en tu calendario una fecha antes de Pascua en que darás pasos concretos para resolver esas cuestiones.

MOVING FORWARD

This week includes stories about hearing God's voice and finding our own voice. The Friday author also mentions the voices of the various branches of Christianity that sometimes argue against each other, turning into a shouting match. List five things that help make voices more harmonious—in church, at work, or in your household.

Two of the stories this week (Wednesday and Thursday) focus on music. In what ways is music part of your life? Is music part of your *spiritual* life? How so?

Two of the stories this week (Monday and Tuesday) describe people who make life-changing decisions. Are there conversations with people (or with God) that you have been postponing or decisions that you have been procrastinating? Mark a date in your calendar before Easter when you will take a concrete step toward resolving the issue.

SATURDAY
LENT III

CUARTA SEMANA
DE CUARESMA

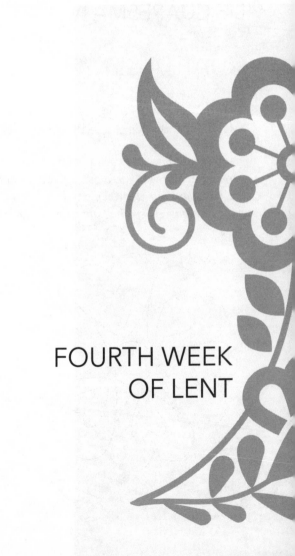

FOURTH WEEK
OF LENT

DOMINGO
DE CUARESMA IV

Esta semana, comienza cada día diciendo esta oración:

Padre bondadoso, cuyo bendito Hijo Jesucristo descendió del cielo para ser el pan verdadero que da vida al mundo: Danos siempre este pan, para que él viva en nosotros y nosotros en él; quien vive y reina contigo y el Espíritu Santo, un solo Dios, ahora y por siempre. Amén.

—Libro de Oración Común, p. 133

SUNDAY
LENT IV

This week, start each day with the following prayer:

Gracious Father, whose blessed Son Jesus Christ came down from heaven to be the true bread which gives life to the world: Evermore give us this bread, that he may live in us, and we in him; who lives and reigns with you and the Holy Spirit, one God, now and for ever. Amen.

—The Book of Common Prayer, p. 218

ENCUENTRO CON DIOS

Después de quince años de tener mi primer encuentro con Dios y más de ocho años de caminar en sus sendas como candidato al ministerio ordenado, puedo expresarles con seguridad que el año en que nació mi hijo ha sido un periodo de encuentro cotidiano con Dios. Permítanme contarles. Quienes son padres, conocen con certeza el nivel de tensión que un bebé recién nacido puede traer. Entre la ternura y alegría que inspira el nuevo bebé en el hogar, también nace el nerviosismo y las interminables tareas por cuidarlo bien, sumadas a las responsabilidades laborales, ministeriales y familiares.

Todo el ambiente que se generó en mi hogar con esa pequeña criatura que Dios nos regaló, causó en mí un alejamiento de Dios. Aun cuando debía predicar sobre él y animar a la congregación a acercarse y dejarse encontrar por Dios, yo no la estaba viviendo en mi vida cotidiana. No sentía esa relación amada con nuestro Padre.

Tuve una conversación con un hermano en la fe que me animó y me hizo volver a la esencia de toda relación entre dos personas: un diálogo que debe ser activo y responsivo. Volví a las fuentes

ENCOUNTER WITH GOD

It has been 15 years since I had my first encounter with God and eight since I began the journey toward becoming an ordained minister, yet it was the year my son was born when I had daily encounters with God. Those of you who are parents know how stressful it is when a baby arrives. There is much happiness and tenderness but also anxiety and the endless chores of taking good care of the baby. This is, of course, on top of your regular work, ministry, and other family responsibilities.

All the commotion caused by this child that God gave us as a gift ended up distancing me from God. Although I was preaching about God and encouraging others to find and be found by God, that was not what I was living in my own life. I wasn't feeling a loving relationship with my Father.

I talked about this with a brother in the faith. His encouragement led me to active, responsive dialogue with God—the essence of every relationship. I turned to the holy scriptures with a plan to read the Bible for 30 minutes daily. As days went by, this daily encounter with the Word of God increased. I can affirm that today I speak with God daily; more than a friend, I feel God as a

MONDAY
LENT IV

que propone nuestra fe episcopal anglicana, y me propuse leer las Sagradas Escrituras a diario unos treinta minutos. Con el paso de los días, aumentó este encuentro diario con la Palabra de Dios. Puedo decir con seguridad que hablo con Dios a diario, más que como con un amigo, con un Padre. Oro y sé que Dios me escucha. Leo sus palabras y sé que me habla directamente a mí.

En la lectura asidua de las Sagradas Escrituras, me encuentro con Dios a diario. Él se encarga de recargar mis baterías y anima mi espíritu para desarrollar mi vocación como esposo, padre y ministro, entregando todo mi ser. No escucho una voz lejana, grave y tenebrosa que podría trastornarme. Escucho una voz en mi propio tono que resuena en mi corazón y me acompaña el resto del día.

Esta oportunidad de encuentro con Dios ha sido una segunda conversión. Hoy escucho mi propia voz y, cuando miro atrás, veo cuánto he cambiado; siento que hablo con más inspiración, y que observo a mis hermanos que sufren con ojos más compasivos; y creo, con mucha más fe, que todas y todos podemos transformar las circunstancias injustas de la sociedad. Te animo a que te encuentres a diario con Dios leyendo las Sagradas Escrituras.

❀✕❀✓

Carlos Holmes Rendón Agudelo ha realizado estudios en administración de empresas y teología, y es diácono en transición en la Diócesis Episcopal de Colombia. Sirve en la Parroquia Trinity Church de Cali y en la Misión La Transfiguración del Señor en Yumbo. Carlos y su esposa Mónica recientemente recibieron a un hijo.

Father. I pray, and I know that God listens. I read scripture, and I know God is speaking directly to me.

As I read scripture, I encounter God on a daily basis. God recharges my batteries and rekindles my spirit to develop as husband, father, and minister, giving my all to each. I do not hear a distant, grim, or troubling voice. I hear in my heart a familiar voice that stays with me all day long.

These encounters with God have been a second conversion. Today, when I hear my own voice, I notice a big change. I feel that I speak with more inspiration; I see those who suffer with more compassion; and I have more faith in our potential to change societal injustices. I encourage you to find God every day by reading the holy scriptures.

Carlos Holmes Rendón Agudelo studied business administration and theology and is a transitional deacon in the Episcopal Diocese of Colombia. He serves in Trinity Church Parish in Cali and in The Lord's Transfiguration Mission in Yumbo. Carlos and his wife, Mónica, recently received a son.

LA PALABRA DE DIOS

¿No saben ustedes que, al quedar unidos a Cristo Jesús en el bautismo, quedamos unidos a su muerte? Pues por el bautismo fuimos sepultados con Cristo, y morimos para ser resucitados y vivir una vida nueva, así como Cristo fue resucitado por el glorioso poder del Padre.

—Romanos 6:3-4

¿Por qué hacemos el bien? ¿Por qué luchamos por la justicia, la paz, y la dignidad de cada ser humano? Pablo dice que nos hemos unido a Cristo en su muerte y resurrección a través del bautismo, de forma tal que ahora andamos en nueva vida. Si tú y yo, que somos bautizados, buscamos hacer el bien a los demás, luchando porque todo ser humano viva dignamente, denunciando cuando alguien es discriminado, y estamos de pie junto a aquel que sufre, no es simplemente por altruismo, o por ganarnos el cielo, sino porque somos uno con Jesús. Jesús acompañó a minorías que eran discriminadas y a aquellos que

THE WORD OF GOD

Do you not know that all of us who have been baptized into Christ Jesus were baptized into his death? Therefore we have been buried with him by baptism into death, so that, just as Christ was raised from the dead by the glory of the Father, so we too might walk in newness of life.

—Romans 6:3-4

Why do we do good? Why do we strive for justice, peace, and the dignity of every human being? Paul says that through baptism, we have joined Christ in his death and his resurrection, walking now in newness of life. Those of us who have been baptized may strive to serve our neighbor, reaffirm the dignity of every human being, denounce discrimination, and stand with those who suffer. But we do this not because of unselfishness or the hope to go to heaven; we do these things because, as Christians, we are one with Jesus.

TUESDAY
LENT IV

eran muy diferentes de él. Ese Jesús, que cruzó fronteras de clase y de cultura, nos invita a que caminemos en una vida nueva; nos invita a que acompañemos a los que son hijas e hijos amados de Dios, incluso a aquellos que no piensan, actúan, lucen ni hablan como nosotros.

Como bautizados somos las manos de Jesús que abrazan, sanan y acarician al que sufre; somos los pies de Jesús que caminan por el mundo haciendo el bien. Pensemos algo el día de hoy ¿qué ocasiones tengo a mi alrededor para hacer lo que Jesús haría?

Nelson Serrano Poveda nació en Colombia y es presbítero y misionero hispano de la Diócesis Episcopal de San Joaquín. Se diplomó en Psicología en la Universidad Nacional de Colombia y tiene una Maestría en Religión de la Trinity School for Ministry (Ambridge, Pensilvania).

Jesus walked with minority groups that experienced discrimination and with those who were very different from him. The same Jesus who crossed barriers of class and culture invites us today to walk in newness of life and to walk with all God's beloved children—even those who do not think, act, look, or talk as we do.

As baptized Christians, we are Jesus's hands, healing and embracing those who suffer, and we are Jesus's feet, walking in the world and doing good. Let us ask ourselves: what opportunities do we have today in the world around us to act like Jesus?

A native of Colombia, Nelson Serrano Poveda is a priest and the Hispanic missioner for the Diocese of San Joaquin. He has a degree in psychology from the National University of Colombia and a master in religion from Trinity School for Ministry in Ambridge, Pennsylvania.

MIÉRCOLES
DE CUARESMA IV

DEVOCIÓN CUARESMAL

En 2012 planeamos la primera peregrinación "Called to the Wall" a la frontera con México. Teníamos mucha emoción y ansiedad por una experiencia que no sabíamos cómo iba a resultar. En nuestro trayecto hacia la frontera fuimos haciendo visitas en algunas congregaciones tanto de Los Ángeles como de San Diego, haciendo las diferentes estaciones del vía crucis. En ese peregrinar nos acompañó "El Salvador del Mundo", una imagen muy venerada en El Salvador.

Casi llegando a la meta, fue muy emocionante reunirnos en el estacionamiento del Parque de la Amistad y organizarnos para emprender la caminata. Es un recorrido de 45 minutos sobre la playa, a la orilla del mar, hasta el muro que divide no solo dos países, sino que separa familias, amigos, padres, madres de sus hijos e hijas. Fuimos cantando, orando y terminando el vía crucis.

A lo lejos se veía el muro. Recuerdo mi impresión al verlo por vez primera, cómo se iba haciendo más grande conforme nos íbamos acercando. Al llegar al pie del muro y enfrentar a la policía fronteriza, no tan amigable y en cierta forma hostil, no nos dieron paso a todos los que íbamos al interior a una zona

LENTEN DEVOTION

In 2012, we planned our first pilgrimage "Called to the Wall" to the Mexican border. We were excited but also anxious as we didn't know how it would turn out. In our journey toward the border, we visited congregations in Los Angeles and San Diego; those were our stations of the cross. We were accompanied by "Savior of the World," an image that receives much veneration in El Salvador.

Finally, we gathered in a parking lot near Friendship Park and prepared for a 45-minute walk on the beach. This was a very moving experience. Our final destination was a wall that divides not only countries but also families and friends, parents and children. We sang and prayed as we walked on the seashore.

I remember my first impression when I finally saw the wall—how it became larger the closer we got. But to actually reach the wall, we had to go through security with an unfriendly, and sometimes hostile, U.S. Border Patrol. At that checkpoint, some from our group were not allowed to continue.

We celebrated Holy Eucharist by the wall; we shared the word of God, words of hope, communion, and blessing. The image

WEDNESDAY
LENT IV

más restringida, donde te puedes acercar literalmente al pie del muro. Allí se celebró la Eucaristía, se compartió la Palabra de Dios, las palabras de esperanza, la comunión y la bendición. La imagen de "El Salvador del mundo" estaba al pie del muro con el rostro dirigido hacia los que estaban del otro lado, la gente se acercaba a querer tocarlo, a orar y pedir por sus necesidades, quizá por un milagro para ellos o sus familiares del otro lado.

La mezcla de sentimientos continuaba dentro de mí. Tristeza, al imaginar tantas historias del pueblo, sus pérdidas, sus vacíos, sus anhelos de paz, justicia, de mejores oportunidades de vivir y ser amados. Molestia, por la desigualdad del mundo, el poder de unos cuantos, el abuso y la prepotencia de unos contra otros. Pero a la vez, alegría y emoción al ver del otro lado del muro a conocidos que por años no veía.

Pienso que así es nuestro caminar diario en la fe. Enfrentamos obstáculos, dificultades y tristezas, pero sabemos que caminamos rodeados del pueblo de Dios. Y ese caminar juntos transforma los obstáculos en oportunidades, las dificultades en experiencias de fe, y la tristeza en gozo y alegría, al comprobar que en el amor de Dios tenemos el poder de transformarlo todo, incluidos nosotros mismos.

❈❮❀✦

Roberto Martínez Morales es originario de la ciudad de México, donde estudió y se hizo presbítero. Desde el 2006 sirve en la Iglesia de la Magdalena en Glendale, California. Él y su esposa, Yanci Guerrero Yánez, tienen dos hijas. La peregrinación "Called to the Wall" se realiza todos los años durante Cuaresma como un esfuerzo combinado de las diócesis de Los Ángeles, San Diego y la Diócesis del Occidente en México.

"Savior of the World" was placed so that it faced those on the other side of the fence. People from the other side got as close as possible and prayed for their needs—perhaps for a miracle in their lives or in the lives of their family on the other side.

I experienced many mixed emotions: sad as I thought about loss and our people's longings for peace, justice, and better opportunities to live and to be loved, and disturbed, given the inequalities of the world and the many ways power can lead people to abuse one another. But I was also joyful and happy, as I saw on the other side of the fence acquaintances whom I hadn't seen in years.

Our daily walk is not too different. We face obstacles, setbacks, and sadness, yet we know we're surrounded by God's people. Our walking transforms obstacles into opportunities, setbacks into faith experiences, and sadness into joy, as we confirm that God's love has the power to transform everything—even ourselves.

❀❮❀↙

Roberto Martínez Morales is from Mexico City, where he studied at seminary and became a priest. Since 2006, he has served The Episcopal Church of the Magdalene in Glendale, California. He and his wife, Yanci Guerrero Yánez, have two daughters. The "Called to the Wall" pilgrimage is held every year during Lent as a joint effort by three dioceses: Los Angeles, San Diego, and Western Mexico.

AYUDÁNDONOS CON NUESTRAS CARGAS

Hace tres años, Puerto Rico vivió una serie de terremotos, incluyendo uno en la festividad de la Epifanía del Señor. En la tradición hispánica, el 6 de enero es el Día de Reyes, cuando los niños, reciben regalos como los recibió el Niño Jesús. En vez de celebración, ese año hubo mucho miedo y ansiedad. Muchos edificios, incluyendo casas, escuelas y hospitales, sufrieron grandes daños. Muchas de las familias perdieron todo lo que tenían.

Tuve la oportunidad de ir en una misión de apoyo a Yauco, en el sur de la Isla, que fue la zona más afectada por el terremoto. Allí vimos familias enteras que habían creado campamentos con carpas al aire libre. Nuestro objetivo era uno de los campamentos más grandes, en las montañas de Barrio Barina.

Como soy maestra, yo le había pedido a mi comunidad de fe que donara libros de pintar, lápices y juegos de mesa. En el campamento pude hablar con muchos niños y les entregué los donativos. Pero cuando se enteraron de que yo era maestra, quisieron compartir conmigo sus sentimientos acerca de los

BEARING ONE ANOTHER'S BURDENS

Three years ago, Puerto Rico was struck by a series of earthquakes, including one on the Feast of the Epiphany. In the Hispanic tradition, January 6 is Three Kings' Day, when children receive gifts and remember the gifts received by the baby Jesus. Instead of celebration that year, people experienced fear and anxiety. Houses, schools, and hospitals were severely damaged. Many families lost everything they owned.

I had the opportunity to join a mission to Yauco, a community in the south of the island. This was the area that had been most severely affected by the earthquake. We saw families who had pitched tents and were living outdoors. Our destination was one of the larger camps, in the mountains of Barrio Barina.

Because I have worked for many years as a teacher, I asked my faith community to donate coloring books, crayons, and board games. In the camp, I had a chance to deliver these donations to children. When the children found out I was a teacher, they began to treat me as if we were in school and they were my

THURSDAY
LENT IV

daños sufridos en sus escuelas y de la imposibilidad de asistir a clases; hicieron muchas preguntas y los escuché con atención.

De alguna manera, ese día me convertí en la escuela que no tenían. Me esforcé por tranquilizarlos y les di un mensaje esperanzador. Bajé de aquel lugar con el corazón dolido, pero feliz de haberles llevado a esos niños un mensaje de esperanza en Cristo.

Isabel Lynn-Ramos es miembro de la Iglesia Santa Clara de Asís, en Toa Alta, Puerto Rico, donde es coordinadora de catequesis y apoya el ministerio de Cursillos de Cristiandad. Tiene una maestría en educación y ha trabajado como maestra y directora escolar. Es hija, hermana, tía y abuela.

students. The schools that some of the children had attended were damaged. I asked the children what they thought about not being able to go to school. The children asked me many questions, and I listened attentively.

Somehow, on that day I became the school they were missing. I tried to make them comfortable and give them hope. I came down the mountain with a heartache yet happy to have shared with those children a message of hope in Christ.

Isabel Lynn-Ramos is a member of St. Clare of Assisi Church in Toa Alta, Puerto Rico, where she serves as catechesis coordinator and supports the Cursillo ministry. She has a master's degree in education and has worked as a schoolteacher and a principal. She is a daughter, sister, aunt, and grandmother.

MI ESPERANZA EN DIOS

Cuando tenía dieciocho años, mi familia se mudó de Colombia a Puerto Rico. Fue un gran cambio. Estábamos llenos de ilusión y con los ánimos en alto, seguros de que sería lo mejor para todos, pero no fue tan fácil. Al llegar nos dimos cuenta de que las diferencias culturales nos dificultaban comunicarnos, integrarnos y socializar. No tuvo que pasar mucho tiempo para que nos diéramos cuenta de que ser extranjeros nos limitaba de muchas maneras, incluyendo los comentarios y gestos de quienes no quieren a los extranjeros. Aun así, ha sido la Iglesia Episcopal en Puerto Rico, la comunidad de Dios, la que siempre nos ha ayudado, nos ha aceptado con los brazos abiertos y nos da ánimo para seguir adelante.

Mi esperanza en Dios es que al igual que yo, todos los inmigrantes que están en una tierra lejana de su hogar encuentren a Dios en aquellos que los ayudan. Le pido a Dios que guarde y cuide a todas aquellas personas que sufren en silencio la discriminación, el rechazo o la agresión, solo por ser de otro país, y que envíe al Espíritu Santo para que los llene de su gracia y sus dones.

MY HOPE IN GOD

When I was 18, my family emigrated from Colombia to Puerto Rico. This was a profound change in our lives. We had dreams and were excited as we thought this would be a great experience, but we found that adapting to our new life was not all that easy. We encountered difficulties communicating, assimilating, and socializing. We soon realized that our condition as foreigners was a disadvantage; we heard the comments and saw the gestures of those who did not like foreigners. Yet the Episcopal Church in Puerto Rico, God's community, helped us, accepted us with open arms, and encouraged us to keep going.

My hope in God is that, just like me, all immigrants who find themselves in a distant land may seek God in those who help them. I ask God to take good care of those who suffer in silence because of discrimination, rejection, or aggression simply because they came from another country. May God send them the Holy Spirit to fill them with his grace and gifts.

FRIDAY
LENT IV

Santiago Restrepo nació en Bogotá, Colombia. Tiene 22 años y estudia Ciencias Biomédicas en la Universidad Interamericana de Puerto Rico. Le gusta practicar deportes extremos. Asiste a la Iglesia San Mateo Apóstol en Peñuelas. Es fraile en la Orden Anglicana de Predicadores, líder de la mesa de jóvenes y miembro del comité permanente de la Diócesis de Puerto Rico.

Santiago Restrepo was born in Bogotá, Colombia. He is majoring in biomedical sciences at the Interamerican University of Puerto Rico. He enjoys extreme sports and worships at St. Matthew the Apostle in Peñuelas. He is a friar with the Order of Anglican Preachers, a leader on the Diocesan Youth Board, and a member of the Standing Committee in the Episcopal Diocese of Puerto Rico.

SÁBADO
DE CUARESMA IV

HACIA ADELANTE

Esta semana leímos relatos sobre cruzar fronteras y descubrir cosas que no sabíamos. ¿Has tenido experiencias cruzando fronteras, ya sea cruzando barreras que separan sitios geográficos, o cruzando metafóricamente una barrera social o cultural? ¿Qué descubriste en el otro lado? ¿Se te ocurren ejemplos de barreras sociales o culturales que Jesús cruzó?

El autor del lunes describe el leer la Escritura como un encuentro con Dios, "una voz en mi propio tono… que me acompaña el resto del día". ¿Has tenido experiencias valiosas estudiando la Escritura, ya sea en la soledad o en grupo? ¿Cómo podrías aumentar una "dosis diaria" de Escritura en tu vida?

Esta semana, busca maneras de cruzar fronteras. Por ejemplo, podrías presentarte a un vecino o miembro de la iglesia que todavía no conoces bien; o podrías invitar a alguien a tu casa por primera vez; o podrías reconectarte con algún pariente, amigo o amiga que no ves desde hace mucho; o podrías salirte de tu zona de confort para tener una experiencia cultural diferente.

MOVING FORWARD

This week includes stories of border-crossing and discovery. When in your life have you crossed a border—whether you were literally passing through a barrier separating one place from another or metaphorically crossing a social or cultural boundary? What did you discover on the other side? Can you think of examples of social or cultural boundaries that Jesus crossed?

Monday's author describes scripture reading as a daily encounter with God, "a familiar voice that stays with me all day long." When have you had a meaningful experience engaging with scripture, either alone or in a group? How might you increase the "daily dose" of scripture in your life?

This week, find ways to cross borders. Examples include: introducing yourself to a neighbor or church member you haven't formally met; inviting someone to your home for the first time; reaching out to a relative or friend whom you haven't seen in a very long time; moving beyond your comfort zone to have a new kind of cultural experience.

SATURDAY
LENT IV

QUINTA SEMANA
DE CUARESMA

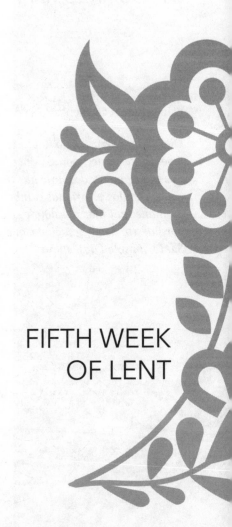

FIFTH WEEK
OF LENT

DOMINGO
DE CUARESMA V

Esta semana, comienza cada día diciendo esta oración:

Dios todopoderoso, solo tú puedes ordenar los afectos y voluntades rebeldes de los pecadores: Concede gracia a tu pueblo para amar lo que tú dispones y desear lo que tú prometes; a fin de que, en medio de los rápidos y variados cambios del mundo, nuestros corazones permanezcan fijos allí donde se encuentran los verdaderos goces; por nuestro Señor Jesucristo, que vive y reina contigo y el Espíritu Santo, un solo Dios, ahora y por siempre. Amén.

—Libro de Oración Común, p. 134

SUNDAY
LENT V

This week, start each day with the following prayer:

Almighty God, you alone can bring into order the unruly wills and affections of sinners: Grant your people grace to love what you command and desire what you promise; that, among the swift and varied changes of the world, our hearts may surely there be fixed where true joys are to be found; through Jesus Christ our Lord, who lives and reigns with you and the Holy Spirit, one God, now and for ever. Amen.

—The Book of Common Prayer, p. 219

LUNES
DE CUARESMA V

ENCUENTRO CON DIOS

En mi país natal, Venezuela, se suele decir que "la gente se acuerda de Santa Bárbara solo cuando truena". ¿Podemos nosotros sentir la presencia de Dios solo en nuestros momentos difíciles?

El año 2007 fue el año más tormentoso de mi vida, cuando se cerró un pasado en el que no era realmente feliz y se abrió el presente que ahora estoy viviendo. Luego de 12 años juntos, mi primera pareja me abandonó por otra persona. Por primera vez desde que llegué a este país me sentí sola, sin familia propia en la cual refugiarme. Teníamos amigos comunes con mi expareja, pero, enfebrecida por la tristeza, pensaba que no serían leales a mí. Éramos solamente mi perro Zeus y yo.

Una noche empecé a sentir un intenso dolor en el costado. Apenas podía caminar y empecé a vomitar. Llamé a emergencias médicas. Esa misma noche me extrajeron la vesícula y, luego de un día en el hospital, acabé en un taxi, yendo de regreso a casa. No tenía a nadie que me recogiera en el hospital. En el camino, solo podía pensar en lo sola que me sentía.

Al llegar a casa, llovía copiosamente. Corrí al garaje a buscar a mi perro, que estaba sentado frente a la puerta, moviendo

ENCOUNTER WITH GOD

In Venezuela, the country where I was born, there is a saying: "People remember Saint Barbara only when a storm is raging." Can we feel God's presence during difficult times?

The year 2007 was a stormy one for me, when I moved from an unhappy situation into my current life. After 12 years together, my first partner left me for someone else. For the first time since migrating to the United States, I felt alone. I didn't have family here. The friends I had were shared with my former partner, and given my emotional state, I thought they would not be loyal to me. It was just me and my dog Zeus.

One night, I began to experience terrible pain in my side. I could barely walk and began to vomit; I called 911. That same evening, they removed my gall bladder, and I stayed overnight at the hospital. The next day, I found myself in a taxi, riding back home. I didn't have a single person to pick me up at the hospital. All I could think about was how lonely I was.

There was a big storm that day, and by the time I got home, it was pouring. I ran down to the garage to find Zeus, who was sitting

MONDAY
LENT V

su colita de alegría por verme. Noté su alegría y exclamé: "¡En este momento yo debo ser dios para ti!". Al decir eso, algo me estremeció el corazón y caí de rodillas. Escuché un trueno que sacudió la casa entera y fue entonces que caí en cuenta que Dios estaba allí, y entendí que había estado conmigo todo el tiempo.

En Lucas 2:13-35 se cuenta la historia de dos discípulos que, tras la muerte de Jesús, tuvieron un encuentro con un desconocido en el camino a Emaús. Ese era un momento muy inquietante para los seguidores de Jesús, pero cuando el extraño tomó el pan, lo bendijo y lo partió, los ojos de los discípulos se abrieron y reconocieron a Jesús. Más tarde, cuando conversaron de lo que les había ocurrido, llegaron a la conclusión de que en realidad Jesús los había acompañado todo el tiempo, solo que ellos no habían reconocido su presencia.

Dios me acompañó, cuidó de mí y de mi perro y luego me acompañó siempre, hasta ahora, porque nunca me abandonó, ni lo hará ya nunca más.

Leticia "Letty" Guevara-Cuence es una periodista venezolana que en 2008 encontró en la Iglesia Episcopal una manera de servir a Dios. Se ordenó diácona en el 2018 y sirve en la Diócesis de Atlanta, donde también trabaja como periodista en CNN.

by the door, wagging his tail, happy to see me. At that moment, I said, "I must be a god to you!" As I said that, something shook me inside, and I fell on my knees. A very loud thunderclap shook the whole house, and I realized God was there! In fact, it dawned on me that God had been with me all along.

Luke 24:13-35 recounts a story about two disciples who, after the death of Jesus, have an encounter with a stranger on the road to Emmaus. This is a distressing moment for Jesus's followers. But when the stranger takes bread, blesses and breaks it, the disciples' eyes are opened, and they recognize Jesus. He had been with them all along, but they had failed to recognize his presence.

God stayed with me after my surgery and took care of me and my dog. In fact, God is with me today. Now I know that God has never forsaken me and never will.

Leticia "Letty" Guevara-Cuence is a journalist. In 2008, the Episcopal Church became the place where she serves God. She was ordained a deacon in 2018. She serves in the Diocese of Atlanta, where she also works as a news reporter for CNN.

MARTES
DE CUARESMA V

LA PALABRA DE DIOS

El ángel le dijo: "María, no tengas miedo, pues tú gozas del favor de Dios. Ahora vas a quedar encinta: tendrás un hijo, y le pondrás por nombre Jesús".

—Lucas 1:30-31

¿Has tenido momentos en tu vida cuando no puedes creer lo que te está pasando? Cuando la tragedia nos toma por sorpresa y nos golpea, invocamos la presencia de Dios para que nos devuelva la calma. A veces, nos toma tiempo movernos de este estado de perplejidad a la calma.

En el encuentro de María con el ángel podemos ver cómo Dios llega a su vida. Las palabras del ángel son: "no tengas miedo". Este mandato de Dios nos da la seguridad de que Dios está en control. Dios está presente. Dios está acompañándonos y asegurándonos que esta situación es pasajera.

THE WORD OF GOD

The angel said to her, "Do not be afraid, Mary, for you have found favor with God. And now, you will conceive in your womb and bear a son, and you will name him Jesus."

—Luke 1:30-31

Have you had moments of unbelievable heartbreak? When we're hit by tragedy, we often invoke the presence of the Lord to bring us calm. It can take time to turn from perplexity to calm.

Mary's encounter with the angel illustrates how God touches her life. The angel says, "Do not be afraid." This command gives us reassurance that God is in control. God is present. God is with us and reassures us that the heartbreak is only temporary.

"Do not be afraid." Mary may have seen the angel's visit as untimely, yet this is how God works—barging in extraordinary ways and surprising us. Mary then becomes an agent of God's

TUESDAY
LENT V

"No tengas miedo". Aunque María viese la llegada del ángel como inoportuna, así es Dios: irrumpe de formas extraordinarias que nos toman por sorpresa. María entonces se vuelve agente de la gracia de Dios. Las palabras del ángel nos invitan a creer que el amor de Dios está ahí esperando sorprendernos en cada momento.

"No tengas miedo". Te invito a que cuando tengas un momento de desesperanza, recuerdes lo que dijo el ángel y recibas la calma de saber que Dios nos acompaña siempre.

Alejandra Trillos nació en Colombia, estudió en el Seminario Teológico Union y se ordenó al sacerdocio en la Diócesis de Long Island. Hoy es la rectora de St.Paul's/San Pablo Episcopal Church, una iglesia bilingüe y multicultural en Salinas, CA. A ella le encantan las caminatas ecológicas con su esposo.

grace. The angel's words invite us to believe that God's love is there, waiting to surprise us at each moment.

"Do not be afraid." When you feel hopeless, I invite you to remember what the angel says and to receive the reassurance that God is with us always.

Alejandra Trillos is a native of Colombia. She received her master of divinity at Union Theological Seminary and was ordained as a priest in the Diocese of Long Island. Currently, she serves as the rector of a bilingual/ multicultural church, St. Paul's/San Pablo Episcopal Church in Salinas, California. She loves hiking with her husband.

MIÉRCOLES
DE CUARESMA V

DEVOCIÓN CUARESMAL

A quienes venimos de tradiciones más evangélicas, algunas de las prácticas cuaresmales como llevar una cruz en la "vía dolorosa" o las catorce estaciones del vía crucis, nos pueden parecer ajenas y extrañas por su enfoque en el dolor y la sangre de Jesús. Sin embargo, hace algunos años participé en una celebración ecuménica en memoria de los Mártires Jesuitas de El Salvador, y esa celebración transformó mi percepción del vía crucis.

Allí pude meditar y experimentar el significado de la cruz para mí. Siempre llevo cruces en el cuello y las colecciono en distintas formas, colores y de países diferentes. La cruz significa para mí provocación, sufrimiento, a la vez que fuente de esperanza en el Dios que se humaniza y solidariza con los pueblos crucificados. El símbolo de la cruz expresa mi fe y esperanza cristianas. Cuando alzo los ojos al crucificado, quien es también el resucitado, me encuentro con Cristo mismo que viene al encuentro en mis necesidades, dudas y problemas para mostrarme el amor del Padre que me acoge.

Cuando participé en el vía crucis comunitario salvadoreño, en cada estación hicimos una corta reflexión, a manera de denuncia

LENTEN DEVOTION

For those of us who come from evangelical traditions, some Lenten practices such as carrying a cross on the *Via Dolorosa* or walking the Stations of the Cross may strike us as alien because of their focus on pain and blood. But a few years back I participated in an interfaith commemoration of the Jesuit Martyrs of El Salvador, and the event changed my perception of the Way of the Cross.

The service prompted me to reflect on and experience what the cross means to me. I always wear crosses on my necklace; I even collect them, owning crosses of various shapes, colors, and countries of origin. I try to understand how this cross can not only represent provocation and suffering but also hope in God who becomes human and lives in solidarity with all the crucified. When I turn my eyes to Christ crucified and also risen, Christ encounters me in my needs, doubts, and trials to show me the love of a welcoming father.

On our Way of the Cross, our community walked through the various stations while reading short reflections. The stations reminded us of our own trials and invited prophetic denunciation.

WEDNESDAY
LENT V

profética desde la memoria de la cruz, sobre los distintos tipos de vulneraciones que sufrimos: los pesares y angustias de nuestras feligresías y parroquias; nuestras pérdidas en la crisis sanitaria del Coronavirus; nuestras mujeres mártires de la violencia intrafamiliar; nuestros hermanos cristianos perseguidos en otros países a causa de la intolerancia religiosa; líderes y lideresas sociales, campesinos, estudiantes y personas LGTBI+ asesinados también forman parte de esa memoria de la pasión y de la cruz.

Ese es el vía crucis que he aprendido a amar y vivir en mi espiritualidad episcopal; puedo afirmar la cruz como un llamado para que no haya más cruces, para que cese la violencia entre los seres humanos. Mi oración es que en este tiempo cuaresmal atisbemos más allá del dolor de Jesús a una humanidad que también sangra y sufre, y descubramos el poder transformador del camino de la cruz.

❀✕❀↙

Loida Sardiñas Iglesias es presbítera de la Iglesia Episcopal Anglicana, Diócesis de Colombia, donde ejerce su ministerio en la Misión San Juan Evangelista. Es profesora de teología en la Pontificia Universidad Javeriana en Bogotá y sus áreas de interés son Teología Sistemática, Ecumenismo y Ética.

We remembered the suffering in our parishes and communities of faith: those we lost to COVID-19; women martyrized by domestic violence; and our fellow Christians persecuted in other countries. Assassinated civic leaders, farmers, students, and LGBT+ people were also part of this memorial of the passion and the cross.

In this Way of the Cross, I have learned to love and live my Episcopal spirituality. I can affirm the cross as a calling to put an end to crosses—an end to violence among people. I pray that this Lent we may dare to see beyond Jesus's pain to our suffering world and discover the transforming power of the Way of the Cross.

❀✎❀✐

 *Loida Sardiñas Iglesias is a priest in the Episcopal Diocese of Colombia, working at Mission St. John the Evangelist. She is a professor of theology at Pontificia Universidad Javeriana in Bogota, with special interests in systematic theology, ecumenism, and ethics.*

AYUDÁNDONOS CON NUESTRAS CARGAS

En el año 2016 un terremoto asoló la provincia de Manabí en Ecuador, no muy lejos de donde vivía en ese entonces. Al principio sentí mucha impotencia de no poder ayudar a los damnificados, pero a los dos días del terremoto, nuestras oraciones fueron oídas: tuve la oportunidad de participar en la distribución de la ayuda proporcionada por la Agencia Episcopal de Alivio y Desarrollo. Fuimos a Manabí con comida, vituallas y materiales para la reconstrucción de sus casas.

Me llenó de energía ver los rostros felices de la gente. Había también lágrimas entre quienes habían perdido algún familiar. Tuve que hacer trabajo pastoral con personas que estaban de duelo. Escuché sus dolores, sus tristezas y sus esperanzas. Eso es parte de nuestro llamado: llevar consuelo y hacer sentir la presencia de Dios en medio del dolor.

Ayudar a gente me llena de alegría. El servicio abnegado brota de un corazón que ama y que ve en cada persona que sufre el rostro del mismo Cristo. Si no tengo amor, ningún sacrificio puede ser aceptable ante los ojos de Dios.

BEARING ONE ANOTHER'S BURDENS

In 2016, the province of Manabí, Ecuador, was struck by a deadly earthquake. This happened not far from where I lived at the time. At first, I felt very frustrated because we didn't have any resources to help the victims, but two days after the tragedy, our prayers were answered: I was invited to be part of an emergency team sponsored by Episcopal Relief & Development. We drove to Manabí with food, supplies, and materials to help rebuild homes.

I was energized when I saw so many smiling faces among those we were helping. But there were also tears in the eyes of those who had lost loved ones. I offered pastoral care to some of the people who were grieving. I listened to their sorrows, griefs, and hopes. Part of our calling is to bring comfort and help people feel God's presence in the midst of their sorrows.

Helping people makes me happy. Unselfish service comes from a heart that loves and sees Christ's countenance in those who suffer. If I don't have love, my sacrifice is not acceptable in God's sight.

THURSDAY
LENT V

La solidaridad es uno de los actos más hermosos. Dice la Biblia: "No se olviden ustedes de hacer el bien y de compartir con otros lo que tienen; porque estos son los sacrificios que agradan a Dios" (Hebreos 13:16). Que este tiempo de Cuaresma nos inspire a ser solidarios.

Jairo Ernesto Chirán Quiñónez es enfermero profesional, padre de dos hijos, y vicario de las Iglesias Jesús el Señor y Jesús Obrero en Guayaquil, Diócesis del Litoral Ecuador. Tiene un ministerio con afrodescendientes y un grupo indígena.

Solidarity is a beautiful thing. It says in the Bible, "Do not neglect to do good and to share what you have, for such sacrifices are pleasing to God" (Hebrews 13:16). May this Lent inspire us to act with solidarity.

Jairo Ernesto Chirán Quiñónez is a registered nurse, father of two children, and the vicar of two missions, Jesus the Lord and Jesus the Worker, in Guayaquil, Diocese of Central Ecuador. He ministers to people of African descent and to members of an indigenous group.

MI ESPERANZA EN DIOS

❈✁❈✁❈✁❈✁❈✁❈✁❈✁❈✁❈✁

Nací en el Salvador y vine a los Estados Unidos cuando tenía 15 años para escapar una situación familiar abusiva. En la escuela me invitaron a participar en el programa auspiciado por las Fuerzas Armadas, y eso me dio mucho orgullo. Un día me pidieron el número de seguridad social y les expliqué que no tenía. Me dijeron que aunque podía continuar con la clase, no podría servir en la Fuerzas Armadas. Ese fue un sueño que se desvaneció.

En una ocasión recibí una orden de deportación, y viví por un tiempo con mucho temor. Fue una tremenda alegría cuando se implementó DACA (Acción Diferida para los Llegados en la Infancia). DACA no es una ley, sino tan solo una norma del gobierno. No me da la posibilidad de obtener la residencia, pero sí me da cierto grado de protección de ser deportada.

A veces se usa la expresión "Soñadores" ("Dreamers") para referirse personas que, como yo, llegaron a EE.UU. en la infancia. Se calcula que hay más de un millón de soñadores en todo el país. Uno de mis sueños es el de regularizar mi situación legal.

MY HOPE IN GOD

I was born in El Salvador. I came to the U.S. at age fifteen in order to escape an abusive family situation. At school, I was invited to participate in the Junior Reserve Officers' Training Corps—something I was very proud of. One day, they asked me for my social security number, and I explained that I didn't have one. They told me that although I could continue with the training, I would not be able to serve in the Armed Forces. That was a failed dream.

On one occasion, I received a deportation order, and for a while I lived in fear. It was a tremendous joy when DACA (Deferred Action for Childhood Arrivals) was implemented. DACA is not a law but simply government policy. It does not allow me to apply for residency, but it does give me some protection from deportation.

Sometimes we use the expression "Dreamers" to describe people who, like me, immigrated to the U.S. as children. It is estimated that there are over a million Dreamers living in the U.S. One of my dreams is to resolve my legal situation. Another dream is to

FRIDAY
LENT V

Otro es el de viajar con mis tres hijos; quiero llevarlos a visitar Grecia, Suecia, y El Salvador. Hace ya casi 20 años que vivo en EE.UU., y he tenido experiencias en mi vida que me demuestran que Dios escucha nuestras oraciones. Lo que más me anima a levantarme todos los días es pensar en esos tres hijos míos que nacieron en este país.

Roxana Argueta vive en Lanham, Maryland, y trabaja para una empresa de jardinería. Asiste a la Parroquia San Mateo en Hyattsville, Maryland, desde el año 2012.

travel with my three children; I want to take them to Greece, Sweden, and El Salvador. I have been living in the U.S. for almost 20 years, and I have had experiences that show that God hears our prayers. What motivates me the most to get up in the morning is to think about my three children, who were born in the U.S.

***

Roxana Argueta lives in Lanham, Maryland, and works for a landscaping firm. She has attended St. Matthew's Parish in Hyattsville, Maryland, since 2012.

SÁBADO
DE CUARESMA V

HACIA ADELANTE

❋⟋❀⟋❋❀⟋❋⟋❀❋⟋❀⟋❋⟋❀❋⟋❀⟋❋⟋❀⟋

Esta semana leímos relatos de personas que se encontraron en situaciones inesperadas, vencieron sus miedos, o descubrieron o reafirmaron una vocación. ¿Cuáles son algunos de los "rápidos y variados cambios" que tú has tenido que vivir? ¿Qué aprendiste de esas experiencias?

En la Semana 2, la autora del lunes señaló que "la presencia de Dios no viene de una voz en las nubes". En contraste, las autoras del lunes en las Semanas 3 y 5 describen la voz de Dios como una experiencia auditiva, ¡incluso como un trueno! ¿De qué maneras has oído tú la voz de Dios?

La autora del miércoles descubrió en un vía crucis comunitario "un llamado para que no haya más cruces, para que cese la violencia". Piensa en algo específico que puedes hacer esta semana para que disminuya de algún modo la violencia.

MOVING FORWARD

This week we read stories of people who found themselves in unexpected situations, overcame fears, or discovered or reaffirmed a vocation. What are some of the "swift and varied changes" that you have experienced in your life? What did you learn from these experiences?

In Week II, Monday's author said that "God's presence doesn't come as a voice from the clouds." By contrast, the authors you read on the Mondays of Weeks III and IV described the voice of God as an audible voice—even as thunder! In what ways have you heard God's voice?

Wednesday's author discovered in the Stations of the Cross "a calling to put an end to crosses, to put an end to violence." Think of something specific you can do this week to help reduce violence in some way.

SATURDAY
LENT V

SEXTA SEMANA
DE CUARESMA

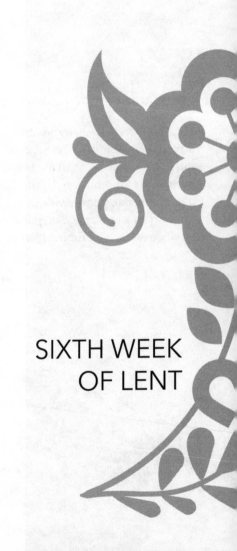

SIXTH WEEK
OF LENT

DOMINGO DE RAMOS

Esta semana, comienza cada día diciendo esta oración:

Dios omnipotente y eterno, en tu tierno amor hacia el género humano, enviaste a tu Hijo nuestro Salvador Jesucristo para asumir nuestra naturaleza, y padecer muerte en la cruz, mostrándonos ejemplo de su gran humildad: Concédenos, en tu misericordia, que caminemos por el sendero de su padecimiento y participemos también en su resurrección; por Jesucristo nuestro Señor, que vive y reina contigo y el Espíritu Santo, un solo Dios, por los siglos de los siglos. Amén.

—Libro de Oración Común, p. 134

PALM SUNDAY

This week, start each day with the following prayer:

Almighty and everliving God, in your tender love for the human race you sent your Son our Savior Jesus Christ to take upon him our nature, and to suffer death upon the cross, giving us the example of his great humility: Mercifully grant that we may walk in the way of his suffering, and also share in his resurrection; through Jesus Christ our Lord, who lives and reigns with you and the Holy Spirit, one God, for ever and ever. Amen.

—The Book of Common Prayer, p. 219

LUNES
DE SEMANA SANTA

ENCUENTRO CON DIOS

En el Adviento de 2018, tuve un encuentro con Jesús. No ocurrió en una iglesia, ni en una catedral, ni en un retiro espiritual. Ocurrió en una casa de Bellavista, un vecindario de la ciudad de México. La Casa Tochán es una casa construida sobre una colina, con corredores y escaleras que parecen un laberinto. Dentro de la casa conocí a migrantes que venían de Honduras, Guatemala y El Salvador. Cuando llegué, los migrantes estaban leyendo un libro con la señora María Esther, una voluntaria que ayuda en la alfabetización y enseña a los migrantes a expresarse mediante el dibujo y la poesía.

Yo digo que en la Casa Tochán tuve un encuentro con Jesús porque lo que vi en esa casa fue una comunidad que vivía las enseñanzas de Jesús. En vez de mexicanos sirviendo a los migrantes, lo que vi fue a mexicanos y migrantes trabajando por la misma causa. Había un buen número de voluntarios en la casa, pero yo no sabía quiénes eran voluntarios y quiénes migrantes. Los vi ayudarse mutuamente, preparar una cena navideña y trabajar juntos por el bien común.

Desde mi visita a la Casa Tochán, soy más consciente del sufrimiento de la gente que se ve forzada a migrar, y estoy más agradecido de saber que hay personas dispuestas a ayudar en

ENCOUNTER WITH GOD

In 2018, during Advent, I had an encounter with Jesus. It didn't happen in a church or a cathedral or a retreat center. It occurred in Bellavista, a neighborhood in Mexico City.

A maze of stairs and corridors, Casa Tochán is built on a hill. In that house, I met migrants from Honduras, Guatemala, and El Salvador. When I arrived, they were reading a book with María Esther, a volunteer who helps develop literacy and encourages the migrants to express themselves through drawing and poetry.

I say that in Casa Tochán I encountered Jesus because I saw a community living the teachings of Jesus. Rather than Mexicans serving migrants, I saw Mexicans and migrants working for a common cause. There were several volunteers in the house, but I couldn't tell the volunteers from the migrants. I saw a community helping each other, cooking together, and working together for the common good.

Since my visit to Casa Tochán, I am more aware of the suffering of those who are forced to migrate. I am also more grateful to know that there are people willing to help rather than condemn

MONDAY
IN HOLY WEEK

vez de condenar a los migrantes. He releído muchas veces lo que la Biblia dice acerca de los extranjeros. Por ejemplo, en la Carta a los Efesios, el apóstol Pablo dice que cuando nos hacemos cristianos, ya no somos extranjeros, sino que somos todos "miembros de la familia de Dios" (Efesios 2:19). Ahora entiendo mejor que pertenecer a la iglesia no es ser parte de una sociedad exclusiva, sino al contrario: Es pertenecer a una familia en la que nos ayudamos mutuamente y servimos a los demás.

Mi visita a Casa Tochán me ayudó a entender mejor las enseñanzas de Jesús. Él nos enseñó que debemos ayudar la gente pobre, a los marginados y a los extranjeros. También nos enseñó que al final del día, nos sentamos todos juntos alrededor de la mesa y compartimos lo que tenemos para comer. Esa comida no es solamente el pan y el vino que compartimos durante la misa: También son los tamales que cocinamos durante largas horas, el ponche navideño que preparamos en una olla gigantesca, y el acto mismo de sentarnos todos juntos a la mesa y compartir la cena.

Hay varios episodios en la Biblia de personas que tuvieron poderosas experiencias espirituales en la cumbre de una montaña. Pero yo tuve mi encuentro con Jesús cuando subí esa colina en Bellavista, en ciudad de México, y tuve un atisbo de cómo será vivir en el reino de Dios.

❀✁❀

Hugo Olaiz nació en Argentina y es editor asociado de recursos latinos/hispanos para Forward Movement. Vive en Oxford, Ohio, con su esposo John-Charles Duffy y una perrita llamada Percy. Para más información sobre Casa Tochán, busca la página de Facebook.

migrants. I have read many times what the Bible says about foreigners. For example, in the Letter to the Ephesians, Paul says that when we become Christians, we are no longer strangers or aliens, but "members of the household of God" (Ephesians 2:19). Now I truly understand that being a Christian does not mean belonging to an exclusive club but the opposite: it means belonging to a family in which we help each other and serve the world.

My visit to Casa Tochán helped me better understand Jesus's teachings. He taught us to help the poor, the outcast, and the stranger. He also taught us that at the end of the day, we should all sit together around the table and break bread. This meal is not just the bread and the wine we share during the eucharist but also the tamales we spend hours cooking, the Christmas punch we heat in a giant pot, and the very act of sitting together around the table and sharing dinner.

Several biblical passages depict people who had powerful spiritual experiences on the top of a mountain. I had my encounter with Jesus when I climbed that hill in Bellavista and had a glimpse of what it will be like to live in God's kingdom.

A native of Argentina, Hugo Olaiz is an associate editor for Latino/Hispanic resources at Forward Movement. He lives in Oxford, Ohio, with his husband, John-Charles Duffy, and a dog named Percy. For more information about Casa Tochán, look them up on Facebook.

MARTES
DE SEMANA SANTA

LA PALABRA DE DIOS

❀❦❀❦❀❦❀❦❀❦❀❦❀❦❀

Les doy este mandamiento nuevo: Que se amen los unos a los otros. Así como yo los amo a ustedes, así deben amarse ustedes los unos a los otros.

—Juan 13:34

❀❦

Antes de su pasión y muerte, Jesús nos deja un mandamiento nuevo que amplía el mandamiento de amar al prójimo que aparecía en Levítico 19:18. Jesús nos invita a amarnos como él nos ama.

¿Cómo nos ama Jesús? Con amor infinito e incondicional, con amor tierno, maternal, amor de hermano con el que siempre podemos contar, amor que sana heridas, prodiga el consuelo en medio de nuestras pérdidas y nos llena de fortaleza para levantarnos, renacer y volver a empezar.

Ese amor llena los vacíos emocionales que tanto dolor nos causan. Jesús nos ama como seres íntegros, abrazados a la vida

THE WORD OF GOD

I give you a new commandment, that you love one another. Just as I have loved you, you also should love one another.

—John 13:34

Before his passion and death, Jesus gives us a new commandment, extending the commandment to love our neighbor that appears in Leviticus 19:18. Jesus invites us to love as he loves us.

How does Jesus love us? He loves us with infinite, unconditional love, with tender, maternal, and fraternal love, with a love we can always count on. Jesus's love heals wounds, provides comfort in times of loss, and gives us strength to get up, be born again, and start over.

This love fills empty emotional spaces. Jesus loves to see us as wholesome people who embrace life and find peace and calm in the harmony of his perfect creation. Jesus suffers when our

TUESDAY
IN HOLY WEEK

y al fluir de la armonía de su creación perfecta, que nos trae paz y tranquilidad. Jesús sufre cuando pisotean nuestra dignidad y cuando no se nos incluye en el banquete de la vida por ser diferentes. Está en medio de nuestras alegrías y momentos de triunfo. Camina a nuestro lado dándonos el aliento, guiando, inspirando, abriendo caminos llenos de vida y abundancia.

¿Cómo podemos seguir ese ejemplo? Llenándonos de ese amor y llevándolo no solo a nuestros hogares y a nuestra comunidad de fe, sino al mundo donde podamos ser ese Jesús amante de nuestras almas, sirviendo a cada persona como sus discípulos y discípulas y luchando por un mundo donde reine la justicia y la paz. ¡Podemos lograrlo apoyándonos en ese gran amor!

Ema Rosero-Nordalm nació en Tumaco, Colombia. Se diplomó en educación bilingüe y bicultural, y trabajó hasta su jubilación en la Universidad de Boston como coordinadora de programas, profesora y a cargo del entrenamiento de estudiantes graduados en métodos de enseñanza del español como segunda lengua. Como diácona, ha servido especialmente a la comunidad latina, empoderando mujeres, creando programas de capacitación y mentoría y enfocándose en cuestiones de justicia social y racial.

dignity is trampled upon and when we are not included in the feast of life because we are different. Jesus is in the midst of our moments of joy and triumph. Jesus walks next to us, encouraging, guiding, inspiring, opening paths of life and abundance.

❁✴❁❀

Ema Rosero-Nordalm was born in Tumaco, Colombia. She earned a degree in bilingual and bicultural education from University of Massachusetts Boston. She worked until retirement at Boston University, where she trained students in methods for teaching Spanish as a second language. As a deacon, she has served especially the Latino community, empowering women, creating training and mentorship programs, and focusing on social and racial justice.

MIÉRCOLES
DE SEMANA SANTA

DEVOCIÓN CUARESMAL

❀〰❀〰❀〰❀〰❀〰❀〰❀〰❀〰❀〰

Somos miembros de la Iglesia Episcopal de la Trinidad en Carolina del Norte, pero nuestras memorias de la Cuaresma nos remiten siempre a nuestro pueblo Cherán, en el estado de Michoacán, México. La Cuaresma era un tiempo de pausar nuestras vidas, de estar en familia y recordar el sufrimiento, la muerte y resurrección de nuestro Señor Jesucristo a través de nuestras tradiciones religiosas y espirituales.

En Cuaresma nuestras abuelitas empezaban a prepararse y a prepararnos para un tiempo diferente. Comenzaban a cocinar para los familiares que venían de lejos y nos reunían para ir a la iglesia. Recordamos mucho que el Miércoles de Ceniza nos traían a la iglesia, donde recibíamos la señal de la cruz hecha con cenizas. Ahí entendíamos que el tiempo que vendría en adelante sería diferente. Ya no habría fiestas, dejábamos de comer carne y el tiempo parecía detenerse.

Después de esas semanas de oración, de estudio de las Sagradas Escrituras y participación en la iglesia, nos reuníamos el Domingo de Ramos en la plaza del pueblo donde todos recibíamos las palmas. Una vez que estábamos gran parte del pueblo reunida,

LENTEN DEVOTION

We are members of Trinity Episcopal Church in North Carolina, but our Lenten memories go back to our hometown of Cherán, in Michoacán, Mexico. There, Lent was a time to put our lives on pause and gather with family so that we might remember, through our religious and spiritual traditions, the suffering, death, and resurrection of our Lord Jesus Christ.

Our grandmothers worked to make this a time that was different. They cooked extra food for relatives coming from far away and gathered us to go to church. During Ash Wednesday, we received the sign of the cross, marking the beginning of a special season. We no longer held parties or ate meat, and time seemed to stop.

After those weeks of praying, studying the Bible, and attending church, the whole town gathered for Palm Sunday. The event started in the main square, where we received the palms and began the procession, lifting the palms up high and singing joyfully. On Thursday, we came together for the washing of feet, and on Friday, we celebrated an outdoor mass. On Friday evening, people gathered in area called El Calvario (Calvary), where a cross stood to recall the place where Jesus died.

WEDNESDAY
IN HOLY WEEK

hacíamos una procesión con las palmas levantadas hacia el cielo, cantando con alegría. Días después, el Jueves de la Semana Santa nos reuníamos para la tradición del lavatorio de los pies y el viernes participábamos en una misa campal. Esa noche del viernes recordamos que mucha gente se reunía en un área de nuestro pueblo que se llamaba el Calvario, donde normalmente teníamos una cruz que nos recordaba el lugar donde nuestro Señor murió.

Aunque muchas de estas tradiciones y prácticas traían sentimientos tristes a nuestros corazones, sabíamos que no era el fin. Que, sin importar la tristeza del sufrimiento de Cristo, su pasión y muerte, al final llegaría el domingo de Resurrección, la fiesta y el banquete de la vida.

Roberto Madrigal y Yolanda Tapia, originarios de Cherán, Michoacán, México, son miembros de la Iglesia Episcopal de la Trinidad en Sprucepine, Norte de Carolina.

Although these traditions focused on a time of sorrow, we knew that was not the end. Despite the sadness around Christ's suffering, passion, and death, we knew that Resurrection Sunday would soon come, along with the feast of life.

❁❦❁↙

Roberto Madrigal and Yolanda Tapia are from Cherán, in Michoacán, Mexico. They are members of Trinity Episcopal Church in Sprucepine, North Carolina.

JUEVES SANTO

AYUDÁNDONOS CON NUESTRAS CARGAS

Un domingo de octubre del 2005 entré por primera vez a la Iglesia de San Miguel y Todos los Ángeles, donde me dieron un recibimiento fraternal. Sentí alegría, paz, tranquilidad, sobre todo, la presencia del Espíritu Santo. Con el paso del tiempo, he descubierto ángeles que obran según las necesidades de la comunidad, sin importar el color, raza o cultura, porque formamos una sola congregación.

En marzo del 2018, me llamó una señora mayor de edad del grupo de oración. Se encontraba muy angustiada porque su hijo había sido detenido por la ICE, que es la agencia de control inmigratorio, en el estado de Texas. Le pedían 20.000 dólares de fianza; si no pagaba la fianza en dos semanas, lo deportarían. Yo solo le dije: "Tenga fe en Dios. Dios aprieta, pero no ahorca".

Organicé una venta de tamales en la Iglesia. Con el apoyo de nuestro ministerio de bienvenida al inmigrante, recaudamos cerca de 1.300 dólares. Faltando un día para cumplirse el plazo de la fianza, apareció una persona generosa (un ángel) que usa nuestro edificio y prestó lo que faltaba. Liberaron al joven, que

BEARING ONE
ANOTHER'S BURDENS

One Sunday in October 2005, I attended for the first time St. Michael and All Angels, where I was received with brotherly love. I felt joy, peace, calm, and especially the presence of the Holy Spirit. As time went by, I discovered there are indeed angels there—people who support the needs of all members of our congregation, regardless of color, race, or culture.

In March 2018, I received a call from an elderly woman who participates in our prayer group. She was distressed. Her son had been detained by ICE (Immigration and Customs Enforcement) in Texas; unless he paid $20,000 in bail, he would be deported in two weeks. I told her: "Have faith in God. God won't let your burdens crush you."

I organized a tamales sale. With support from our ministry as an Immigrant Welcoming Congregation (IWC), we raised nearly $1,300. The day before the deadline, a generous person who uses our building (a true angel) appeared and loaned the remainder.

MAUNDY
THURSDAY

se reunió con su mamá y hermana aquí en Portland, Oregón. Nuestros sacerdotes y la feligresía lo acompañaron en este proceso. Ahora el joven espera su última audiencia para recibir asilo político. ¡Bendito sea Dios!

Mi esposa y yo estamos muy agradecidos a Dios por la familia que hemos formado. Es una bendición estar en esta parroquia, que es como nuestro segundo hogar. Hay dones que Dios me ha dado para servir a la comunidad, y queda mucho por hacer. Trato de recordar siempre las palabras de Jesús: "Así pues, hagan ustedes con los demás como quieran que los demás hagan con ustedes" (Mateo 7:12).

Nicolás Meneses Peña nació en México. Asiste a San Miguel y Todos los Ángeles, en Portland, Oregón, desde hace 17 años. Es activo en el grupo de oración, la junta parroquial y está tomando clases en la Escuela Diocesana para el Ministerio. Él y su esposa Marcela tienen tres hijos: Lisa Magali, Christian y Saúl.

The young man was released and joined his mother and sister here in Portland, Oregon. Our priests as well as the lay members accompanied him throughout this process. He filed a petition for asylum and will soon have his last hearing. Thanks be to God!

My wife and I are so grateful for our church family. This parish has been a blessing in our lives, and it feels like a second home. Here, I can use the gifts God has given me to serve the community, and there is so much to do. I always remember Jesus's words: "In everything do to others as you would have them do to you; for this is the law and the prophets" (Matthew 7:12).

❈ ✕ ❈ ✕

Nicolás Meneses Peña was born in Mexico. He has worshiped at St. Michael and All Angels in Portland, Oregon, for 17 years. He is a member of the prayer group and the vestry, and he is currently taking classes in the Diocesan School for Ministry. Nicolás and his wife Marcela have three children: Lisa Magali, Christian, and Saúl.

VIERNES SANTO

NUESTRA ESPERANZA EN DIOS

❁ ❁ ❁ ❁ ❁ ❁ ❁ ❁

En Viernes Santo, en la Iglesia Episcopal de Santa Catalina conmemoramos la muerte y la sepultura de Jesucristo; incluimos referencias a árboles y flores para señalar nuestra esperanza en una cruz que florecerá el domingo de Pascua.

Después de las colectas solemnes, me dirijo en silencio hacia la entrada del templo junto a dos acólitos. Allí tenemos preparada una cruz de madera cubierta con un paño de color rojo o morado. Entonces levanto la cruz, descubriendo uno de los travesaños y digo con voz fuerte: *Miren el árbol de la cruz donde estuvo clavada la salvación del mundo.*

En el centro me detengo, descubro el otro travesaño y digo con voz fuerte: *Miren el árbol de la cruz donde estuvo clavada la salvación del mundo.*

Frente al presbiterio, de frente a los fieles descubro la parte superior de la cruz y digo con voz fuerte: *Miren el árbol de la cruz donde estuvo clavada la salvación del mundo.*

OUR HOPE IN GOD

On Holy Friday, as we commemorate the death and burial of Jesus Christ, my church, St. Catherine's, includes references to trees and flowers. These signal our hope in a cross that will blossom on Easter Sunday.

After praying the solemn collects, I walk in silence toward the entrance with two acolytes. There, we have prepared wooden cross wrapped in a red or purple cloth. I lift the cross, unveil one of its arms, and say aloud: *Behold the tree of the cross, where the salvation of the world once hung.*

Midway toward the chancel, I stop, unveil another arm of the cross, and repeat, aloud: *Behold the tree of the cross, where the salvation of the world once hung.*

When I reach the chancel, I unveil the top of the cross, and facing the people, I declare once more: *Behold the tree of the cross, where the salvation of the world once hung.*

Then I set the cross in front of the altar. The people are invited to approach and cover the cross with flowers until it is entirely buried.

GOOD FRIDAY

Entonces deposito la cruz frente al altar, e invitamos a los fieles a acercarse y cubrir la cruz con flores. La cruz queda sepultada en flores.

El domingo de Pascua usaremos esas misma flores para revestir la cruz. Nuestra esperanza está en Cristo, porque su victoria sobre la muerte es la victoria de la humanidad. La cruz es un árbol que siempre florece.

Ricardo Santiago Medina Salabarria nació en Cuba, donde se licenció en Teología. Entre 2005 y 2006 pasó más de un año como prisionero político. Tras su llegada a Estados Unidos, comenzó a participar en la Iglesia Episcopal de San Lucas en Jacksonville, Florida, y se diplomó en Estudios Anglicanos. En 2017 ayudó a fundar la Iglesia Episcopal Santa Catalina en Jacksonville.

On Easter Day, we use those very same flowers to dress the cross. Our hope is in Christ because his victory over death is a victory for humankind. The cross is an ever-blossoming tree.

Ricardo Santiago Medina Salaberry was born in Cuba, where he studied theology. Between 2005 and 2006, he spent more than a year as a political prisoner. After migrating to the United States, he began to participate in St. Luke's Episcopal Church in Jacksonville, Florida, and earned a diploma in Anglican studies. In 2017, he helped found St. Catherine's Episcopal Church in Jacksonville.

SÁBADO SANTO

HACIA ADELANTE

Esta semana leímos relatos que celebran el poder de comunidades que se reúnen para amarse, ayudarse mutuamente y adorar a Dios. ¿En qué medida esta Cuaresma ha sido para ti un peregrinaje privado, y en qué medida ha sido una experiencia compartida?

El autor del viernes escribe la cruz como "un árbol que siempre florece". ¿Qué opinas de esa descripción? ¿Hay alguna manera en que esta Cuaresma te ha hecho florecer?

El apóstol Pablo dice que hemos sido crucificados con Cristo (Gálatas 2:19-20) y que por causa de la resurrección de Cristo vivimos una vida nueva (Romanos 6:4). Pasa algunos minutos reflexionando acerca de las experiencias que has tenido esta Cuaresma y después enumera las tres cosas que te dieron más satisfacción. ¿Podrías convertir esas experiencias en un principio rector o en una práctica que te acompañe todo el año mientras vives tu vida nueva?

MOVING FORWARD

This week we read stories that celebrate the power of communities that gather to love one another, help one another, and worship God. To what extent has this year's Lent been for you an *individual* journey—and to what extent has it been a *shared* experience?

Friday's author describes the cross as "an ever-blossoming tree." What do you think about that image? Has this year's Lent been, in some way, a time of "blossoming" for you?

The apostle Paul says that we are crucified with Christ (Galatians 2:19-20) and that because of Christ's resurrection, we walk in newness of life (Romans 6:4). Take a few minutes to reflect on your experiences during this Lent, then list the three things that were the most rewarding. Can you turn those experiences into a new spiritual insight or practice that will accompany you year-round as you walk in newness of life?

HOLY SATURDAY

DÍA DE PASCUA

En la mañana de la primera Pascua, cuando el Cristo Resucitado se encontró con María Magdalena, le dijo que fuera y anunciara su resurrección entre los amigos más cercanos. Ella lo hizo de inmediato, pero descubrió que los apóstoles, en su ansiedad y cansancio, tenían más miedo que fe. Se negaron a aceptar el mensaje de vida que ella les traía: que el amor de Dios había destruido las ataduras de la muerte. En una de las películas que relatan esta historia, María, al ver con frustración que no puede convencerlos, se dispone a salir, pero antes de hacerlo se da vuelta y les declara que ella ha hecho lo que Jesús la llamó a hacer, y que ahora les toca a ellos decidir cómo responder.

A fines de la década de 1970, el Arzobispo Óscar Romero, que luego sería martirizado en El Salvador, declaró: "No nos cansemos de predicar el amor. Sí, esta es la fuerza que vencerá al mundo". ¡Romero tenía razón! Yo he confesado a menudo que predico un solo mensaje: el amor abnegado y sin sensiblerías que vemos en Jesús, porque estoy convencido de que ese amor es la única fuerza que puede traer esperanza al mundo y llevarnos de la pesadilla que solemos ver al sueño de Dios que es la Amada Comunidad. Y quiero que quienes conocemos ese amor lo compartamos en todo tiempo y lugar que podamos.

Pero también quiero recordar algo más que Romero dijo en su sabiduría: "No podemos hacerlo todo y, al darnos cuenta de

That first Easter morning, when the risen Jesus encountered Mary Magdalene, he told her to go and tell the news of his resurrection to his closest friends. She immediately did so, only to find that those anxious, weary apostles were more full of fear than faith. They refused to accept her life-giving message that God's love had shattered the bonds of death itself. In a movie version of this gospel story, upon seeing that she cannot convince them, a frustrated Mary leaves the Upper Room but not before turning around and declaring to all present that she has done what Jesus has called her to do, and now it is their choice about how to respond.

In the late 1970s, Óscar Romero, the soon-to-be-martyred archbishop of El Salvador, said, "Let us not tire of preaching love; it is the force that will overcome the world." He was right! I have often said that I am a one-note messenger, preaching about the unsentimental, unselfish love we see in Jesus, because I am convinced that this love is indeed the only force that can truly bring hope to this world and lead us from the nightmare we often see around us to God's dream of Beloved Community. Oh yes, I want all who know this love of Jesus to share it wherever and whenever we can.

EASTER DAY

ello, sentimos una cierta liberación. Ella nos capacita a hacer algo, y hacerlo muy bien. Puede que sea incompleto, pero es un principio, un paso en el camino, una ocasión para que entre la gracia del Señor y haga el resto."

Ese es el punto central: Es cierto que a ti y a mí se nos llama a proclamar en palabra y en acción ese Camino del amor que hemos visto en Jesús de Nazaret. Esa es nuestra responsabilidad. Somos embajadoras y heraldos del amor divino que transforma vidas y de vence a las tinieblas. Pero como en el caso del Arzobispo Romero y de María Magdalena, nuestra responsabilidad radica en lo que nosotros decimos y hacemos, y no en la manera en que los demás reaccionan y responden. Tenemos que dejar a los demás tomar sus propias decisiones, y confiar en que Dios hará lo que solo Dios puede hacer.

Es verdad que quienes seguimos a Jesús, sin excepción, tenemos trabajo que hacer. Es un trabajo noble e importante. Pero esta Pascua recordemos lo siguiente: ese mensaje liberador y lleno de vida, ese mensaje del Amor abnegado de Dios que se nos llama a compartir con los demás... está también dirigido hacia nosotros.

❁〜❁✔

El Rvdmo. Michael B. Curry es el 27° obispo presidente de la Iglesia Episcopal y el autor de Love is the Way: Holding on to Hope in Troubling Times *[El camino es el amor: Aferrándonos a la esperanza en tiempos difíciles].*

But I also want to remember the wisdom of Romero: "We cannot do everything, and there is a sense of liberation in realizing that. This enables us to do something and to do it very well. It may be incomplete, but it is a beginning, a step along the way, and an opportunity for the Lord's grace to enter and do the rest."

These words go to the heart of it all. Yes, you and I are called to proclaim through our words and live out through our actions the Way of Love we have seen in Jesus in Nazareth. This is our responsibility. We are ambassadors, heralds of divine love that both transforms lives and overcomes darkness. But like Romero, like Mary Magdalene, our responsibility lies in what we say and do, not in how others around us react and respond. We need to let others make their own choices and to trust God to do what God alone can do.

Yes, we who follow Jesus all have work to do. It's good work; it's important work. But this Easter, let us remember that the liberating and life-giving message of God's unselfish love we are called to share with others is also meant for us to hear as well.

Michael B. Curry is the XXVII Presiding Bishop of the Episcopal Church and the author of Love is the Way: Holding on to Hope in Troubling Times.

ACERCA DE
FORWARD MOVEMENT

Forward Movement inspira discípulos y empodera evangelistas. Aunque producimos grandes recursos, tales como este libro, no somos una casa editora: somos un ministerio de discipulado. Vivimos nuestro ministerio creando y publicando libros, reflexiones diarias, estudios para grupos pequeños, y recursos en línea. Gente de todo el mundo lee las devociones diarias de *Adelante día a día*, que están disponibles en español, inglés y braille; en línea, en forma de podcast y como una aplicación para teléfonos inteligentes.

Buscamos activamente socios en la iglesia, y buscamos formas de proporcionar recursos que inspiren y desafíen. Forward Movement es un ministerio de la Iglesia Episcopal desde 1935. Somos una organización sin ánimo de lucro financiada por la venta de recursos y por generosos donativos.

Para obtener más información sobre Forward Movement y sus recursos, visita VenAdelante.org y ForwardMovement.org. Nos deleita hacer este trabajo y pedimos tus oraciones y apoyo.

Forward Movement inspires disciples and empowers evangelists. While we produce great resources like this book, Forward Movement is not a publishing company. We are a discipleship ministry. We live out this ministry through creating and publishing books, daily reflections, studies for small groups, and online resources. People around the world read daily devotions through *Forward Day by Day*, which is also available in Spanish (*Adelante día a día*) and Braille, online, as a podcast, and as an app for smartphones.

We actively seek partners across the church and look for ways to provide resources that inspire and challenge. A ministry of the Episcopal Church since 1935, Forward Movement is a nonprofit organization funded by sales of resources and gifts from generous donors.

To learn more about Forward Movement and our work, visit us at ForwardMovement.org or VenAdelante.org. We are delighted to be doing this work and invite your prayers and support.

ABOUT
FORWARD MOVEMENT